Paris
1886

# Tardif, Adolphe

## *Le droit privé au XIII° siècle*

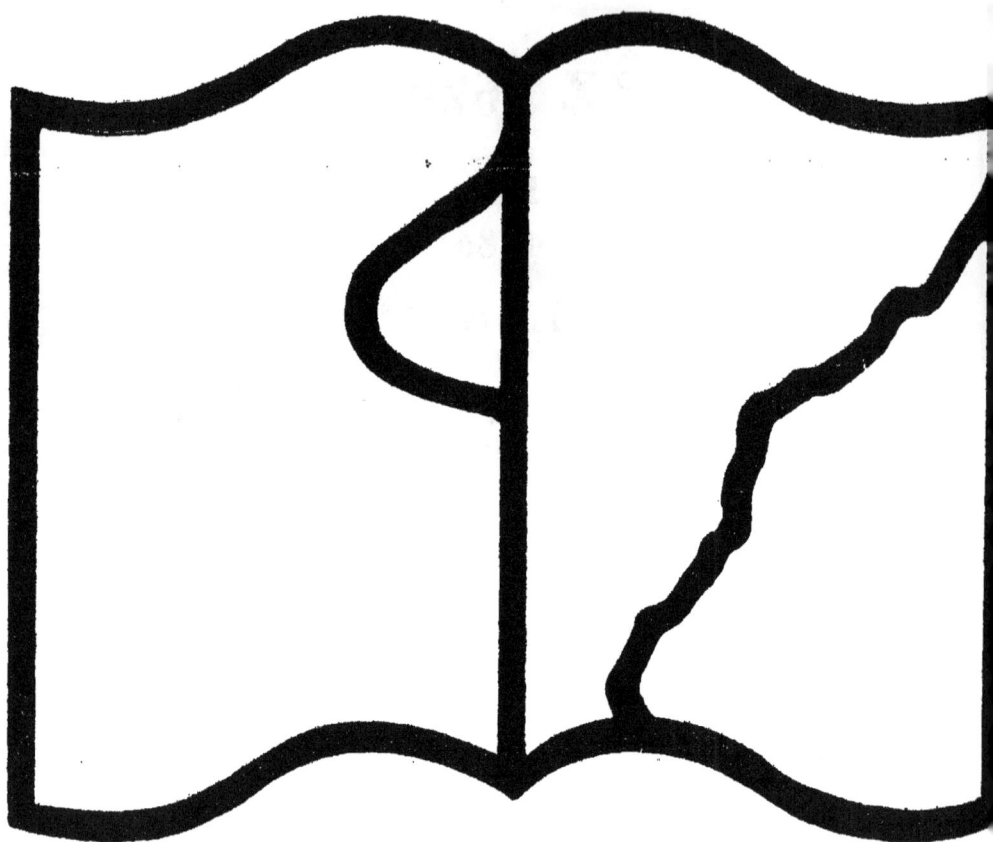

**Symbole applicable
pour tout, ou partie
des documents microfilmés**

Texte détérioré — reliure défectueuse

**NF Z 43**-120-11

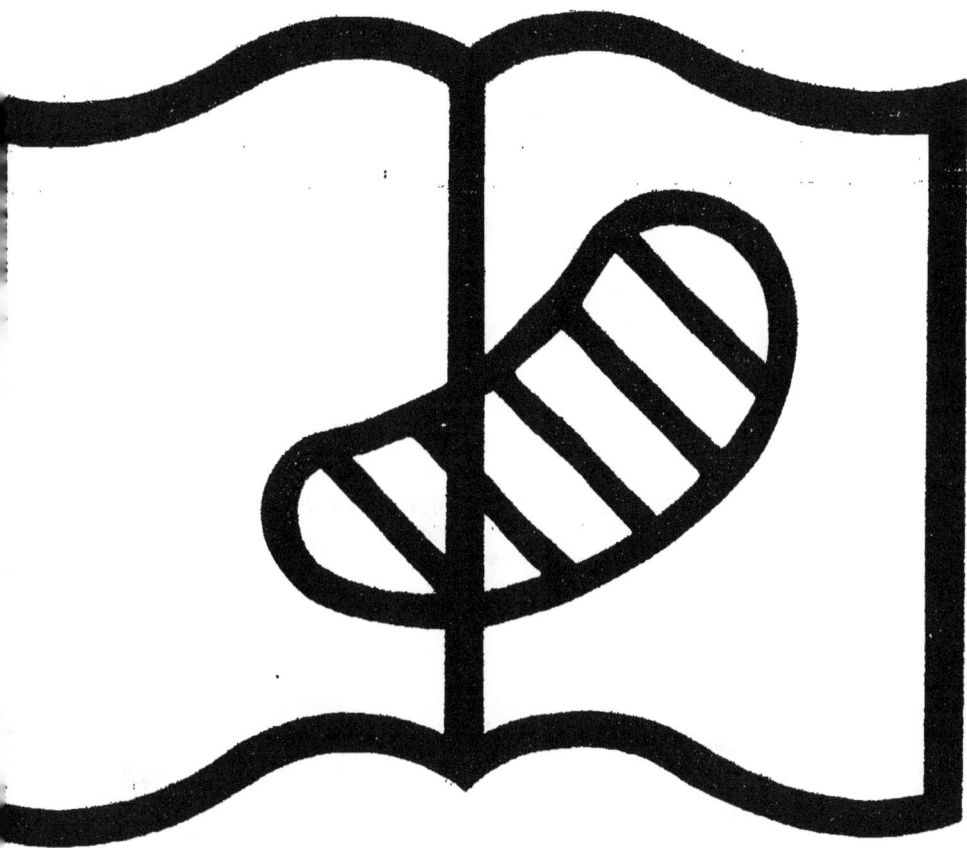

**Symbole applicable
pour tout, ou partie
des documents microfilmés**

Original illisible

**NF Z 43-120-10**

LE

# DROIT PRIVÉ

## AU XIII<sup>e</sup> SIÈCLE

### D'APRÈS LES COUTUMES

## DE TOULOUSE ET DE MONTPELLIER

PAR

## AD. TARDIF

CONSEILLER D'ÉTAT HONORAIRE
PROFESSEUR DE DROIT CIVIL ET CANONIQUE À L'ÉCOLE NATIONALE DES CHARTES

## PARIS
ALPHONSE PICARD, ÉDITEUR
LIBRAIRE DE LA SOCIÉTÉ DE L'ÉCOLE DES CHARTES ET DES ARCHIVES NATIONALES
82, Rue Bonaparte, 82
—
1886

A Monsieur L. Delisle,
-Son confrère et ami
A. D. Caudrij

# LE

# DROIT PRIVÉ AU XIII<sup>e</sup> SIÈCLE

ANGERS, IMPRIMERIE BURDIN ET Cⁱᵉ, 4, RUE GARNIER.

# LE
# DROIT PRIVÉ

## AU XIIIe SIÈCLE

### D'APRÈS LES COUTUMES
### DE TOULOUSE ET DE MONTPELLIER

-PAR-

## AD. TARDIF

CONSEILLER D'ÉTAT HONORAIRE
PROFESSEUR DE DROIT CIVIL ET CANONIQUE A L'ÉCOLE NATIONALE DES CHARTES

———— ◇1886◇ ————

## PARIS
## ALPHONSE PICARD, ÉDITEUR
LIBRAIRE DE LA SOCIÉTÉ DE L'ÉCOLE DES CHARTES ET DES ARCHIVES NATIONALES
82, Rue Bonaparte, 82
—
1886

L'histoire du droit, comme toutes les autres branches des sciences historiques, comprend deux parties très distinctes : l'histoire des sources et l'histoire des institutions.

Dans l'enseignement de l'histoire du droit civil et canonique à l'École des chartes, on est arrivé à se convaincre que les leçons du professeur sur les institutions étaient mieux comprises par les élèves et laissaient dans leur esprit des souvenirs plus durables quand elles avaient pour base un nombre restreint de textes qu'on lisait en commun et que les auditeurs pouvaient aisément revoir et étudier à loisir. Telle était la méthode suivie dans nos anciennes universités; elle a produit des résultats assez considérables pour engager à la conserver, tout en faisant aux développements historiques et critiques la part qu'on ne leur accordait pas autrefois, et en ne demandant à l'exégèse que de fournir

1

les pièces justificatives des faits préalablement groupés dans un exposé doctrinal.

C'est ainsi qu'on a pris tour à tour comme thème fondamental de cet enseignement de l'histoire du droit, les lois germaniques, les Formules, les Capitulaires, un choix de pièces du ix⁰ au xii⁰ siècle, les Olim, Beaumanoir, le Coutumier d'Artois, les Coutumes de Toulouse et de Lorris, et même les Institutes coutumières de Loysel.

Pour fixer plus sûrement encore l'attention des élèves, on s'est résolu, depuis quelques années, à publier, par fascicules distincts, un recueil de textes qui permette de placer sous les yeux des élèves, pendant la leçon, les sources originales auxquelles on se réfère.

On s'est aussi décidé à imprimer le résumé de quelques-uns de ces commentaires qui se complèteront les uns par les autres.

L'explication de la partie la plus considérable du Coutumier de l'Artois a été précédemment publiée[1]. On donne aujourd'hui le résumé des leçons consacrées un jour par semaine, pendant l'année scolaire 1884-1885, à l'étude du droit privé dans les coutumes les plus importantes du midi de la France, celles de Toulouse et de Montpellier.

(1) *La procédure civile et criminelle aux* xiii⁰ *et* xiv⁰ *siècles.* Paris, Alphonse Picard, 1885.

Le cours d'histoire du droit à l'Ecole des Chartes s'adresse à des élèves qui, pour la plupart, n'ont point fait d'études juridiques. Il comporte donc des explications qui seraient superflues dans un enseignement donné à des élèves déjà familiarisés avec la langue du droit. On n'a pas cru devoir les retrancher dans les résumés qui ont pour but principal de faciliter aux jeunes archivistes de nos départements l'intelligence des pièces dont la garde, l'analyse et le classement leur sont confiés.

# INTRODUCTION

Les historiens de nos institutions politiques et juridiques divisent la France, au moyen âge, en pays de droit écrit et pays de droit coutumier. Cette distinction se trouve dans une ordonnance du xive siècle et dans des traités rédigés, vers le même temps, par des praticiens [1] ; mais il faut se garder d'y attacher toute l'importance qu'on a voulu lui donner.

Dans les pays dits de droit coutumier, on avait adopté beaucoup de dispositions empruntées au droit romain [2], et dans les pays dits de droit écrit, on suivait sur un grand nombre de points des règles inspirées par des principes tout différents. Lorsqu'il y avait désaccord entre le droit romain et le droit coutumier, c'était celui-ci qu'on devait observer [3].

Le droit romain, pour les régions même de la France

---

(1) Ord. juillet 1312; *Ord. des R. de Fr.*, I, p. 501. — *Stylus curiæ Parlamenti*, éd. du Moulin, c. iv, § 1, 2; c. xxi, § 2, et *passim*.

(2) V. notamment le Coutumier d'Artois et la Très ancienne coutume de Bretagne.

(3) Cette règle était suivie à Toulouse : *Est... consuetudo in hac civitate contraria, que juri scripto prevalet et est penitus observanda.* — Sentence des consuls, de l'année 1246. *Consuetudines et libertates Tholose*, Arch. Nat., JJ. 21, fol. 83.

qui avaient été le plus directement soumises à son action, n'était accepté par la royauté que comme un droit coutumier. « Notre royaume, disait Philippe le Bel dans son ordonnance de juillet 1312, est principalement régi par la coutume et les usages, et non par le droit écrit. Si, dans quelques parties de ce royaume, nos sujets, par la permission de nos prédécesseurs et la nôtre, usent du droit romain en plusieurs points, ils ne sont point soumis à ces règles en tant que droit écrit, mais bien comme droit coutumier inspiré du droit romain et introduit par la pratique. »

C'est aussi dans la région du Midi qu'on trouve les premières coutumes officiellement promulguées, et cette rédaction des usages locaux, du x<sup>e</sup> au xiii<sup>e</sup> siècle, nous montre qu'ils s'écartaient notablement du droit romain.

La ville de Toulouse, comme plusieurs autres villes de cette région, eut, de très bonne heure, ses coutumes propres; la sentence de 1246, déjà citée, nous apprend qu'elles dérogeaient au droit écrit sur des points importants. Le 8 mars 1216, Simon de Montfort s'engageait par serment à les respecter[1]. En 1251, Alfonse de Poitiers promettait de les maintenir. Philippe III accordait en juin 1273, une confirmation générale des libertés et coutumes bonnes et approuvées.

Cette confirmation générale parut trop vague aux Toulousains, et ils demandèrent au Roi une approbation expresse. Celui-ci y consentit. Les consuls firent alors transcrire leurs coutumes qui avaient été consignées dans un de leurs registres, sans ordre et sans

(1) V. *Coutumes de Toulouse*, publiées par Ad. Tardif. Paris, Alph. Picard, 1884. — Introd., p. I et s.

divisions [1], et ils les envoyèrent à Philippe III. Celui-ci les confirma à l'exception de vingt articles qu'il rejeta ou ajourna [2].

Le 6 février 1286 (n. st.) ces coutumes furent définitivement arrêtées et promulguées à Toulouse, sauf les vingt articles qui avaient été supprimés ou réservés pour un examen ultérieur. Les consuls firent néanmoins transcrire ces articles à la suite de la coutume sur un registre du consulat qui nous est parvenu [3], et ils les rangèrent dans l'ordre qu'ils avaient assigné aux articles approuvés. On a donc pu rattacher sans hésitation ces textes de l'ancienne coutume aux chapitres correspondants de la coutume officielle, dans la dernière édition des *Coutumes de Toulouse* [4].

Ces coutumes ainsi revisées sous Philippe le Hardi ont été de nouveau approuvées, sans aucun changement, par Louis XI en 1461 et 1463, Charles VIII en 1483, Louis XII en 1498, et François Ier, en 1515. Elles sont restées en vigueur jusqu'à la promulgation du code civil; mais un grand nombre de dispositions furent mo-

(1) *Consuetudines... in registro eorum curie registratas et indivisas et indiscretas, mixtim et inordinate positas in eodem, et sine certis titulis collectas...* Cout. de Toul., p. 6. On n'a pas encore retrouvé ce registre de la cour consulaire d'après lequel fut rédigé le rôle des coutumes soumis au roi, sans rien changer ni ajouter à la substance des décisions : *nil addito in eorum substantia vel mutato,* disent encore les consuls; (*Ibid.*) Le beau registre municipal, cité plus haut, qui est conservé aux Archives Nationales (Trésor des chartes, JJ. 21), contient bien quelques jugements de la cour consulaire, des *stabilimenta communia,* et des *constitutiones publice* du conseil commun de Toulouse, mais il n'a nullement servi à la rédaction des coutumes. On ne trouve également rien dans les transcriptions de registres faites pour la préparation de l'*Histoire du Tiers-État.* (Bibl. Nat. Fr. Nouv. Acq. 3243.)

(2) En marge de chacun de ces articles, on écrivit tantôt : *non placet,* tantôt : *deliberavimus.*

(3) B. N., ms. lat. 9187.

(4) Ils y sont imprimés dans un caractère plus faible que celui des articles acceptés par le roi.

difiées, dans la pratique, par la jurisprudence qui tendait à ramener ces coutumes au droit de Justinien dont elles s'écartaient beaucoup à l'origine.

Les consuls les avaient divisées en quatre parties : la première est particulièrement consacrée à la procédure ; la deuxième, aux obligations, contrats et acquisitions ; la troisième, aux dots, testaments et successions ; la quatrième, aux fiefs et aux immunités de la ville de Toulouse.

Dans l'explication de ces coutumes, on se préoccupera d'abord de l'organisation judiciaire, en se bornant aux notions indispensables pour l'intelligence du texte. On exposera ensuite les règles du droit privé, dans l'ordre traditionnel qui a été adopté par les rédacteurs du code civil.

Sur les points les plus importants, on rapprochera des dispositions des coutumes de Toulouse les articles correspondants des coutumes de Montpellier, rédigées et promulguées officiellement en 1204 et 1205 [1].

(1) On suivra, pour les Coutumes de Montpellier, le texte publié par M. Ch. Giraud dans le tome premier de son *Essai sur l'histoire du droit*, appendice, p. 47 et s. Cette édition donne synoptiquement la Coutume de Carcassonne qui diffère peu de celle de Montpellier.

# PREMIÈRE PARTIE
## ORGANISATION JUDICIAIRE
### ARBITRAGE

------

## CHAPITRE PREMIER

### ORGANISATION JUDICIAIRE

Toulouse, sous la domination romaine, avait eu les institutions municipales accordées aux grandes cités de l'empire. Elle les perdit peut-être après la conquête franque; mais, si l'on admet cette opinion qui est controversée, on doit tout au moins reconnaître qu'elles les avait en partie recouvrées vers l'époque où ses comtes s'affranchirent de l'autorité royale comme tous les autres grands fonctionnaires carolingiens. Ils respectèrent les us et coutumes de la cité qui continua à être administrée par des consuls électifs, plus souvent appelés *capitularii*, ou capitouls, depuis le xiv° siècle.

Ces consuls avaient une juridiction civile et criminelle. Toutefois le *vicarius comitis*, ou viguier, devait assister au jugement dans les matières pénales, et il avait, en outre, une cour ou juridiction qui connaissait de certaines affaires civiles.

En 1283, sur la demande des consuls, Philippe III rendit une ordonnance qui réorganisait la municipalité

toulousaine et réglait les attributions judiciaires du
viguier et des consuls [1].

Les consuls sortant de charge devaient élire trois
candidats au consulat pour chacun des douze quartiers
de la ville; le viguier choisissait le consul de chaque
quartier parmi les trois candidats qui lui étaient pré-
sentés. Sa cour était supprimée, et la cour consulaire
devenait cour commune ; il la présidait en personne ou
par son lieutenant : mais il devait seulement diriger les
débats sans avoir voix délibérative au jugement.

Dans l'ancienne pratique, lorsqu'il s'élevait des
doutes sur la solution d'une question de droit coutumier, on consultait les consuls et on observait comme
coutume ce qu'ils décidaient après délibération, sans
qu'il fût besoin de recourir à d'autres preuves [2]. Cette
disposition se trouvait dans le premier des articles qui
furent retranchés par les conseillers de Philippe le
Hardi. La coutume promulguée en 1286 ne contient
plus aucune règle sur ce point; il est vraisemblable
qu'on voulut replacer Toulouse sous le régime du droit
commun qui prescrivait, en pareil cas, une enquête.

On supprima également un article qui semblait
mettre les consuls au-dessus du viguier dans un des
cas royaux. Il les autorisait à fixer le chiffre de la pen-
sion alimentaire que le viguier devait assurer à la
femme dont la dot se trouvait confisquée avec les biens
de son mari. (Art. 120 a.)

Mais, d'autre part, le roi n'accepta point un article
qui méconnaissait le droit de juridiction de ces consuls,
en permettant de vendre, avec l'assentiment du seigneur de fief, un immeuble inféodé dont les consuls,

_____

(1). Ord. des R. de F., II, 109, 110.
(2) Cout. de Toul., art. 1. — Nous citerons désormais les articles
de ces coutumes par leur numéro, placé entre parenthèses dans le corps du
texte.

ou le viguier, avaient mis antérieurement en possession
un créancier du feudataire[1]. Le roi n'entendait point
céder ses droits aux consuls, mais il leur attribuait
volontiers une partie des prérogatives des seigneurs
féodaux.

Depuis 1283, les consuls formaient l'unique cour de
justice : on pouvait donc se demander devant quelle
juridiction leurs procès seraient portés. L'art. 14 ré-
pond à cette question en décidant que tout consul pouvait intenter une action, ou être cité devant les autres
consuls ses collègues, et que la sentence serait valable
dès qu'elle serait rendue par les deux tiers des membres
de la cour consulaire.

L'autorité des consuls s'exerçait sur la ville et la
*dex* de Toulouse, appelée d'abord *suburbium*, *salvetas*[2], la Salvetat, plus tard le *gardiage*, parce que
tout ce qui y était enclavé était sous la garde et police
des consuls ou capitouls; *messegerie*, « parce que, dans
ce territoire, ils avaient le droit d'instituer des *messiers*
pour la garde des récoltes[3]. » C'était le territoire communément appelé banlieue.

La coutume de Toulouse donne *termini* comme synonyme de *dex*[4]. On a proposé diverses explications pour
ce dernier mot. Les uns l'ont interprété par *dextri*,

---

(1) Art. 144 *a*. — Cet article se référait à l'ancienne organisation
judiciaire où le viguier avait sa cour comme les consuls. Cette double
juridiction a été maintenue, par inadvertance, dans un des articles
approuvés : *Coram consulibus Tholose vel vicario*. (Art. 139.)

(2) Le Registre du Trésor des chartes, cité plus haut, qui comprend
des pièces de 1141 à 1246, emploie le plus souvent le mot *suburbium*,
quelquefois *salvetas*.

(3) Soulatges, *Coutumes de Toulouse*, 1770, in-4. IVᵉ part. p. 150.

(4) *Infra dex seu terminos Tholosæ*. (Art. 7.)

mesure de superficie dans plusieurs régions de la France. D'autres auteurs ont voulu faire dériver *dex* a *decimo milliario*; ce serait la dixaine de Toulouse, comme l'on disait la quinte d'Angers, la septaine de Bourges [1]. Mais on doit voir dans ce mot, écrit *decs* en d'autres coutumes du midi, la forme romane de *decus*, qui veut dire borne. On lit, en effet, dans une charte de l'Agenais citée par Du Cange : *infra decos seu termines dictæ bastidæ* [2].

Dans la langue des *agrimensores* romains on appelait *decus* ou *decussis* une croix de Saint-André gravée sur des arbres ou des pierres pour servir de limite. Cet usage s'était perpétué au moyen âge : on en trouve de nombreux exemples dans le cartulaire du Saint-Sépulcre [3], dans les diplômes mérovingiens et des chartes plus récentes [4]. Le terme *decus* ou *decussis* venait très vraisemblablement de la signification donnée à l'X dans la numération romaine.

La *Dex* de Toulouse avait été délimitée en 1226, par le comte Raymond. Les actes de cette délimitation furent transcrits sur le registre du Sénéchal [5]; ils ont été publiés par Jean de Casevieille, dans son édition de la *Coutume de Toulouse*, et réimprimés d'après Casevieille, dans le *Coutumier général* de Bourdot de Richebourg [6]. Soulatges en a fait arbitrairement les titres VII et VIII du titre IV de la Coutume.

(1) Brodeau, *Cout. de Paris*, I, 658; Ragueau et Laurière, *Gloss.*, v° *Dex*. — Brinckmeier, *Glossarium diplomaticum, hoc v°*.

(2) Du Cange, II, 757, col. 3.

(3) E. de Rozière, *Cart. de l'Égl. du S.-Sépulcre de Jérus.*, nᵒˢ 71, 155, etc.

(4) V. Du Cange, II, 679, col. 2.

(5) B. N., ms. latin 9993, fᵒˢ 18, 19.

(6) T. IV, p. 1065.

L'organisation judiciaire à Montpellier et à Carcassonne différait notablement de celle de Toulouse.

Le seigneur de ces villes était représenté par un *bajulus*, ou bayle, assisté d'un *subbajulus*, d'un *judex* et d'un *vicarius*[1].

Ces fonctionnaires devaient être pris parmi les habitants de la ville, sur l'avis des prud'hommes. Ils n'étaient nommés que pour un an, et ne pouvaient être réélus qu'au bout de deux ans, à compter de l'expiration de leurs fonctions.

La justice était rendue par le *judex* ou son *vicarius* assisté de *curiales* qui étaient choisis parmi les habitants les plus expérimentés et les mieux famés de la ville. Ils étaient salariés par le seigneur.

L'administration de la ville était remise à douze *consiliarii* ou consuls, en fonctions pendant un an. Ils élisaient leurs successeurs en s'adjoignant sept hommes pris dans les sept *scale* ou corps de métiers[2]. Le bayle ne pouvait jamais être choisi parmi les consuls.

Dans ces villes, le pouvoir judiciaire était donc soigneusement séparé du pouvoir administratif, tandis qu'à Toulouse les consuls réunissaient ces doubles attributions que notre droit public défend de confondre dans les mêmes mains. Les *curiales* à Montpellier étaient choisis parmi les habitants de la ville ; mais, nommés et rétribués par le seigneur, ils étaient plus indépendants et plus impartiaux dans leur sentence que ne l'auraient été les *consiliarii* ou consuls électifs.

Nous rattacherons à l'organisation judiciaire l'*arbitrage* qui a souvent suppléé aux tribunaux ordinaires.

(1) Montp., Cout. de 1204, art. 1-8 : — Cout. de 1205, art. 17. — Carcass., art. 1-8, 147.

(2) Montp., 1205, art. 9. — A Carcassonne les douze consuls étaient élus par tous les habitants de la ville (*Universitas Carcassone*. Art. 145).

# CHAPITRE II

## ARBITRAGE

Lorsque les juridictions inspiraient peu de confiance on remettait volontiers à des arbitres la décision des procès. Aussi l'arbitrage ou compromis a-t-il été très usité au moyen âge, où il est généralement appelé *mise*.

Le *Coutumier d'Artois* y consacre son plus long chapitre[1]; la *Coutume de Toulouse*, deux petits titres où elle s'écarte sur un point important, des règles du *Coutumier d'Artois* et du droit romain[2].

Les arbitres, simples particuliers choisis comme juges par les plaideurs n'avaient aucun pouvoir coercitif pour faire exécuter leur sentence par la partie qu'ils condamnaient. Aussi les jurisconsultes romains, puis les empereurs avaient exigé pour la validité de l'arbitrage que les deux parties s'obligeassent à payer une somme d'argent, à titre d'amende ou peine, dans le cas où elles se refuseraient à exécuter la sentence arbitrale[3].

Dans la pratique des deux premières races, ces clauses pénales étaient fréquemment employées pour assurer l'exécution des contrats. Recommandées par les

(1) T. LIV. — Ed. Ad. Tardif, p. 127-143.
(2) Art. 10 et 66.
(3) Code Greg., l. 5, I, 10; — Code Just., l. 1, 2, II, 56; — Nov. 82, c. 11.

jurisconsultes de l'époque classique[1], approuvées par
les empereurs Théodose, Honorius et Arcadius[2], elles
avaient été admises dans la *Lex romana Visigothorum*[3]; aussi elles se rencontrent très fréquemment dans
les formules et les actes mérovingiens ou carolingiens[4].

On ne pouvait donc voir aucune difficulté à intro-
duire cette clause dans la convention d'arbitrage. Aussi
le *Coutumier d'Artois* nous dit que la sentence des
arbitres « ne vaut si peine n'y est pramise[5]. »

La *Coutume de Toulouse* déroge à cette règle. Elle
déclare que le compromis et la sentence sont valables
dès que les parties ont juré de s'y conformer, sans sti-
puler une clause pénale en cas de résistance[6]; les
consuls devaient mettre ces sentences à exécution, lorsqu'ils en étaient requis, à moins que la partie condamnée par les arbitres n'opposât un paiement, un jugement antérieur qui la déclarât libérée, un engagement
que le créancier aurait pris de ne point réclamer la
somme due, ou tout autre motif raisonnable. (Art. 66.)

Ces dispositions laissaient une large place à la juridiction ordinaire, et lui permettaient de reviser à
son gré les sentences arbitrales.

---

(1) *Pauli Sent.*, § 3, I, 1.

(2) Code Th., l. 2, II, 9.

(3) *Si quis... pactionem... suam... implere neglexerit, pœnam quam in
pacto constituit cogatur exsolvere.* (*Lex. Rom. Vis.*, C. Th., II, 9,
Interpr.)

(4) On associait souvent le fisc à la perception de la somme stipulée
dans la clause pénale;... *Inferat partibus... sociato quoque tam in
accione quam in prosecutione sacratissimo fisco, auri libras tantas,
argenti pondo tanti...* Marc. Form., II, 3. (Rozière, n° 215; Zeumer,
I, p. 76.)

(5) Tit. LIV,§ 2, p. 128.

(6) *Quamvis pœna tibi non fuerit apposita...* (Art. 10.) C'est conforme
à la l. 4, II, 56, C. Just., abrogée par la nov. 82, c. 11.

Les Coutumes de Montpellier et de Carcassonne donnaient une bien plus grande efficacité à l'arbitrage. Les aveux, témoignages, transactions et autres actes passés devant les arbitres avaient la même force que s'ils eussent été passés devant la cour. (Art. 112.)

# DEUXIÈME PARTIE

## DROIT PRIVÉ, OU CIVIL

---

Le droit privé ou civil, dans le sens moderne du mot, est le droit qui régit les particuliers et les contestations qui peuvent s'élever entre eux, *jus privatorum.*

Si le désaccord se produit sur tout autre point qu'une question de propriété entre un individu et la société représentée aujourd'hui par l'État, le département ou la commune, le débat rentre dans une autre branche du droit appelé *Droit administratif.*

Les questions litigieuses qui peuvent concerner les particuliers sont relatives à leurs personnes ou à leurs biens.

Le droit privé traite donc de l'état ou condition des personnes, de l'état ou condition des biens, des rapports juridiques de ces deux termes, les personnes et les biens, sujet et objet du droit privé.

---

# CHAPITRE PREMIER

## DES PERSONNES

Les personnes peuvent être considérées dans leur condition sociale ou dans leur condition de famille.

Au moyen âge, tous les individus ne sont pas égaux devant la loi. Les distinctions de classes entraînent des distinctions de droit ; on est donc obligé de tenir compte de l'état social de chacun pour régler sa condition civile.

## SECTION PREMIÈRE

### *Des personnes dans la Société.*

Les personnes considérées dans leur condition sociale, ou dans le droit public, étaient libres ou asservies, indigènes ou étrangères.

Pour la liberté comme pour le servage, il existait différents degrés que la capacité civile suivait assez régulièrement dans une grande partie de la France. Ces inégalités sont moins apparentes à Toulouse que dans les pays dits de droit coutumier, ou même que dans quelques pays qualifiés de droit écrit. Nous donnerons un aperçu de cet état des personnes dans la société d'après les règles le plus généralement suivies en France; il sera ensuite aisé de faire ressortir les différences qui existaient, sur ce point, entre la cou-

tume de Toulouse et ce qu'on peut appeler le droit
commun.

§ I<sup>er</sup>

Classes libres.

Les classes libres sont privilégiées ou non privilégiées.

1. Classes privilégiées.

Les privilégiés sont notamment les gentilshommes
ou nobles; ils tiennent de leur naissance certaines
prérogatives de droit public et de droit civil, que la
plupart des coutumes et coutumiers exposent avec détails.

Les *Coutumes de Toulouse* étaient le droit des bourgeois de cette ville; elles n'avaient donc pas à se préoc-
cuper des règles particulières aux gentilshommes;
aussi, elles n'en disent presque rien. On n'y mentionne spécialement qu'un seul gentilhomme avec qui
les habitants avaient des relations inévitables, le sire
comte de Toulouse : *Dominus comes*. Mais il y joue
un rôle moins considérable que le *Dominus Montispes-
sulani* dans la Coutume de Montpellier et on ne lui
prodigue pas les mêmes éloges. « Le sire de Montpellier était, en effet, le seul qui, avec l'aide de Dieu,
gouvernât aussi bien son peuple et son fief, et s'appli-
quât avec autant de soin à choisir le bayle de sa ville
parmi les hommes les plus expérimentés et les plus
loyaux[1]. »

Les *Coutumes de Toulouse* mentionnent une fois les

(1) Cout. de 1204, préambule.

chevaliers, mais pour les assimiler aux bourgeois.
(Art. 152.)

Les clercs avaient encore des privilèges que nombre
de coutumiers et coutumes rappellent et consacrent.
Les *Coutumes de Toulouse* n'en font pas mention.

### 2. Classes libres non privilégiées.

Les classes libres non privilégiées comprenaient les
bourgeois ou habitants des villes et bourgs, et les
vilains qui cultivaient les campagnes : « Nota que vil-
leins ne sont mie serfs [1]. »

Les *Coutumes de Toulouse* s'occupent presque
exclusivement des *burgenses, cives Tholose.* (Art. 150,
152 et *passim.*)

En règle générale, on ne devenait bourgeois d'une
ville, qu'après y avoir habité un certain laps de temps
et y avoir établi son domicile ordinaire. Il fallait en
outre, dans beaucoup de localités, y être propriétaire
d'une maison.

A Toulouse, le domicile n'était pas nécessaire pour
constituer le droit de bourgeoisie; il suffisait d'une
simple déclaration en ces termes : « Je veux habiter
Toulouse et devenir citoyen de cette ville » : *Ego volo
intrare Tholosam et facere me civem Tholose.*

Cette déclaration, *denunciatio,* pouvait être faite
dans le lieu du dernier domicile, ou ailleurs. (Art. 156.)
Nul n'avait le droit d'y faire obstacle, si ce n'est le
seigneur du déclarant, lorsque celui-ci était serf de

---

(1) *The myrror of Justice,* ch. II, sect. 28. Ed. Houard, *Cout. Anglo-
norm.,* IV, p. 570. — Cf. De Font., XXI, 8; — Artois, LVI, 12,
p. 119.

corps. Contre tous autres, le déclarant et ses biens
étaient sous la protection des consuls, comme la personne et les biens de tous les citoyens.

Les anciennes coutumes étaient encore plus libé-
rales : elles accordaient droit d'asile et de cité, sans
aucune restriction, à tous les serfs étrangers, et elles
décidaient que les seigneurs ne pouvaient revendiquer
leurs hommes dès que ceux-ci habitaient Toulouse ou
sa banlieue. (Art. 155.) Cet article fut ajourné par le
roi, mais la prérogative qu'il consacrait fut rendue en
partie à Toulouse en 1298 [1].

Le roi supprima encore deux autres privilèges des
habitants de Toulouse : ceux de ne pouvoir être
arrêtés dans leur domicile pour cause d'adultère, et
de recevoir impunément chez eux les bannis ou homi-
cides, à moins d'une interdiction générale annoncée
à son de trompe, ou d'une défense spéciale notifiée
par écrit. (Art. 156 a, 157 b.)

Les bourgeois de Toulouse conservaient d'ailleurs
des avantages importants, notamment celui d'avoir
une administration et une juridiction municipales. Les
rois leur accordèrent en outre, à diverses époques,
la dispense de toutes tailles non votées par les États
de la province, sauf celles qui seraient nécessaires
pour les travaux de défense de la ville ; l'exemption du
droit d'aubaine pour les forains qui habiteraient dans
la ville ou dépendances ; l'exemption du droit de franc-
fief que les roturiers payaient au roi, pour avoir le
droit de tenir un fief ; l'exemption du logement des
gens de guerre ; le droit de construire des pigeonniers
et des tours avec créneaux et girouettes [2].

(1) V. *infr.* p. 27.
(2) Soulatges, IV° part., p. 115 et s.

## § II

### Étrangers ou forains.

La suppression du droit d'aubaine à Toulouse permettait aux étrangers de disposer de leurs biens comme s'ils étaient nés dans la ville. La coutume ne leur consacre point, d'ailleurs, de disposition spéciale. Il en était autrement à Montpellier où le commerce attirait un plus grand nombre de forains. L'homme *estranhs* (*extraneus*), qui se mariait dans cette ville et y résidait, était exempt, pendant un an et un jour, de tout service de guerre, chevauchée, ost ou guet. (Art. 93.) Cette disposition se retrouve aussi dans la *Coutume de Carcassonne.*

Le régime des successions était le même à Montpellier pour les forains et les bourgeois. Quand un étranger mourait sans laisser des parents ou sans avoir fait de testament, ses biens étaient mis sous le séquestre de prud'hommes pendant un an et un jour, et ils n'étaient adjugés au fisc que si nul ayant droit ne se présentait pendant ce délai. (Art. 114.)

Toutefois, l'art. 99 de cette coutume de 1204 permettait à tout créancier d'exercer, d'autorité privée, la contrainte par corps sur un débiteur étranger. Ce droit fut atténué par l'art. 2 de la coutume de 1205. On ne put désormais en user contre les habitants du comté de Melgueil, ni contre les Génois et les Pisans qui étaient en relations constantes avec Montpellier.

## § III

### Classes serviles.

#### 1. Droit commun.

Les termes communément employés au xiii° siècle pour désigner les individus appartenant aux classes serviles sont les mots *servi, homines* ou *feminæ de corpore, de prosecutione, de sequela, manus mortuæ,* serfs, mainmortables ou mortaillables. Leur condition variait encore notablement à cette époque, suivant les régions, les fiefs, ou suivant les individus habitant sur une même terre.

Les charges le plus généralement imposées aux serfs pesaient sur leurs personnes ou sur leurs biens.

Les restrictions à la liberté des personnes étaient :

*Le droit de poursuite.* — Le serf, comme le colon romain, était inscrit ou attaché à la glèbe, *adscriptus glebæ*[1]. Cet asservissement au sol donnait au seigneur le droit de poursuivre le serf qui tentait de s'affranchir de ce lien : *jus prosecutionis, sequelæ, sectæ.* Ce droit était souvent modifié par des conventions de parcours et entrecours conclues entre seigneurs voisins. Il était fréquemment restreint à un droit de saisie des biens du serf pour le contraindre à revenir sur la terre de son seigneur.

*Le formariage, forismaritagium.* — C'était le droit qu'avait le seigneur d'empêcher son serf de se marier

(1) *Colonos... quos ita glebis inhærere præcipimus ut nec puncto quidem temporis debeant amoveri.* Const. d'Honor. et Th., l. 15, C. Just., XI, 47. — *Cum suis porcionibus illecti atque ligati.* Cart. S. Vict. n° 24. A°. 1045. — *Glebæ ascriptitii.* Bracton, I, 11, § 1. Ed. Travers Twiss, I, 52.

avec des personnes appartenant à un autre seigneur ou à une autre condition. Les seigneurs ne voulaient point reconnaître la validité d'une union contractée au préjudice de leurs droits. Pour prévenir la dissolution de ces mariages, on avait admis successivement le partage des enfants nés du mariage entre les deux seigneurs de qui relevaient les conjoints[1]; l'échange de la serve mariée contre une autre serve appartenant au seigneur des nouveaux époux[2]; la convention d'en-trecours, ou de renonciation réciproque au droit de poursuite, conclue entre les seigneurs voisins[3]; et enfin le paiement d'une indemnité en argent ou nature au seigneur lésé par le mariage. Cette prestation extrê-mement variable s'appelait aussi formariage, *forisma-ritagium*[4], *licentia matrimonii*, ou communément, droit du seigneur.

*L'interdiction de témoigner en justice contre des hommes libres*[5]. Elle était souvent levée par des lettres-royaux, surtout pour les serfs des églises et abbayes[6].


Les restrictions les plus notables aux droits de pro-priété étaient :

La *mainmorte* ou *mortaille*, c'est-à-dire l'incapacité de disposer par succession, testament ou donation; mais le serf pouvait dépenser à son gré tout ce qu'il avait[7].

On éludait souvent la mainmorte par les sociétés ta-

(1) Olim, I, 164, xiii.

(2) *Cart. Eccl. Par.*, I, 54, xlvii; 450, x; II, 45, xxi.

(3) Du Cange, III, 862, col. 2 et 3; — V, 196, col. 1.

(4) Ol. I, 182, xiii; II, 74, viii.

(5) Beaum., XXXIX, 32, 66.

(6) *Cart. Eccl. Par.*, I, 1246. — *Ord. des R. de Fr.*, I, 3, 5.

(7) Ol., I, 182, : xiii. — Beaum., XIII, 37.

cités, ou communautés taisibles, que le seul fait d'une
habitation commune constituait entre tous les membres
d'une même famille[1]. Les biens restaient indivis et
étaient réputés appartenir à la communauté. Lorsqu'un des membres de l'association venait à mourir,
il n'y avait point de succession ouverte, puisque le
défunt ne possédait rien à titre individuel, et le seigneur n'avait rien à réclamer.

*Des redevances en argent :* census, capitagium, ca-
pagium, cens, chevage. Ces redevances étaient tantôt
à la discrétion ou merci du seigneur, *ad misericordiam
domini,* de haut et de bas, *de alto et basso;* tantôt
abonnées, *admodiatus, amoissonnatus,* c'est-à-dire réglées par une convention[2].

*Des redevances en nature :* — champart, terrage,
agrier. On peut rattacher les *corvées* à cet ordre de
prestations.


On sortait du servage par l'affranchissement qui, au
xiii° siècle, pouvait résulter soit d'un acte intervenu
entre le seigneur et le serf, soit du domicile établi
et continué par le serf dans certaines localités pendant un an et un jour[3].

Les affranchissements collectifs deviennent très fré-
quents à partir du xiii° siècle[4]. Ils se faisaient habituellement moyennant finance; ils furent même imposés
par Philippe le Bel et Louis le Hutin aux serfs de
quelques régions, lorsque la royauté eut épuisé toutes
les ressources fiscales[5]; au xv° siècle, le servage ne

(1) Beaum., XXI, 5.; — Ol., I, 940, XL.
(2) V. Du Cange, VI, 497, col. 2.
(3) Par exemple, La Ferté-Milon; Ol., I, 87.
(4) *Cart. eccl. Par.,* II, p. 3, 31, 34, 58, 112, etc.
(5) *Ord. des R. de Fr.,* I, 583. V. la note.

subsistait plus que dans un petit nombre de provinces[1].

Tels étaient les traits généraux de la condition des
classes serviles; nous avons maintenant à l'étudier, à
la fin du xiiiᵉ siècle, dans la ville et banlieue de Toulouse.

2. Les serfs dans la Coutume de Toulouse.

La *Coutume de Toulouse* emploie diverses dénomi-
nations pour désigner les serfs : *homo de corpore*
(art. 147, 148); *homo proprius de corpore* (art. 152);
*homo de corpore et casalagio* (art. 150, 151, 153, 155 a);
*homo de corpore sine casalagio* (art. 155 a); *homo ligius
de corpore et casalagio* (art. 154); *homo ligius de corpore
sine casalagio* (ibid.); *femina ligia de corpore et casalagio* (ibid.)

Il est assez difficile de déterminer l'acception exacte
de ces différents termes.

L'*homo de corpore* est proprement l'homme soumis à
un servage corporel ou personnel, et au droit de poursuite. On peut le rapprocher de l'*homo de capite*
d'autres textes, l'homme qui doit un cens établi sur sa
tête.

Le sens juridique d'*homo ligius* est plus douteux.
Au moyen âge, on donne *ligatus* comme synonyme de
*ligius* :

Esse tenebatur homo ligius atque fidelis,<br>Tanquam domino jurando jure ligatus[2].

---

(1) Duché et comté de Bourgogne; Auvergne; Marche; Bourbonnais;
Nivernais; les villes de Chaumont, Meaux, Troyes et Vitry.

(2) G. Brito, *Phil.* II, 512, 513.

Brussel rattache *ligius* à *liga, confederatio*; d'autres à *litus*, par la forme *litge* qu'on trouverait quelquefois.

Quoiqu'il en soit de ces étymologies ou explications, dont la première est la moins invraisemblable, l'homme lige, au moyen âge, est l'homme étroitement engagé envers un autre. Il s'entend le plus ordinairement du vassal qui a prêté à son seigneur un hommage plus strict que l'hommage ordinaire, l'hommage lige; mais il s'applique aussi, dans des textes appartenant à diverses régions, à des individus de la classe servile dont la condition particulière n'a pu encore être bien définie. On trouvera plus loin la seule nuance, encore douteuse, qu'il y ait à relever, dans la *Coutume de Toulouse*, entre l'*homo ligius de corpore* et l'*homo de corpore* [1].

Il est assez aisé, au contraire, de se rendre compte de la différence qui existait entre l'*homo de corpore et casalagio*, et l'*homo de corpore sine casalagio*.

Le *casalagium*, ou *casalaticum*, de *casa* qui a fait aussi *casale*, chezal ou chezeau, est la maison et dépendances tenus à cens ou champart. L'*homo de corpore sine casalagio*, qui ne jouissait point de cette petite tenure, ne devait que le *census de capite*, le cens personnel; l'*homo de corpore et casalagio* devait le cens personnel et le cens foncier.

Les historiens du Languedoc disent que « le roi, par ordonnance datée du mois d'avril de l'an 1298, abolit pour toujours dans le pays toute servitude de corps ou de casalage qu'il changea en un cens annuel de douze deniers tournois par chaque sesterée de terre [2]. »

Ces lettres de 1298, qui ont été publiées dans les *Preuves de l'histoire générale du Languedoc*, d'après un

---

(1) P. 29.

(2) *Histoire générale du Languedoc*, éd. in-fol., IV, p. 94, 95.

registro du Trésor des chartes [1], n'ont point la portée générale que leur ont attribuée les savants auteurs de cette Histoire. Elles n'affranchissent que les serfs du roi, *in quibus aliquod jus habemus*, et, pour l'avenir, les serfs des nobles, roturiers, ou maisons religieuses de la sénéchaussée qui pourraient échoir ultérieurement au roi et à ses successeurs [2].

Les tenures de ces serfs affranchis furent transformées en concessions emphythéotiques, *res emphytheotice*, ce qui correspond aux censives des provinces du centre de la France.

Les dispositions de la *Coutume de Toulouse* sur la condition des serfs restèrent donc partiellement applicables même après ces lettres de 1298.

Le servage ne procédait plus alors que de la naissance.

Les enfants d'un *homo de corpore et casalagio* suivaient la condition de leur père, bien que la mère fût franche (art. 150). Cette disposition était contraire à la règle des Décrétales : *homme serf, femme franche, enfants francs* [3]. Mais elle paraît conforme à cette autre règle, maintenue dans quelques coutumes : *en formariage*, c'est-à-dire dans les mariages contractés entre personnes de condition inégale, *le pire emporte le bon* [4].

En d'autres provinces, notamment dans les deux Bourgognes, l'enfant avait la condition du père [5]. Cette der-

---

(1) Arch. Nat., JJ. 38. — *Hist. du Languedoc*, IV, Pr., col. 111.

(2) *Volumus etiam et concedimus quod si homines aliqui, aut etiam mulieres aliquorum nobilium, vel ignobilium seu religiosorum, vel quorumlibet aliorum qui nunc sunt in dicta senescalia, vel erunt in futurum, aut aliqua casalagia dictarum personarum, ad nos vel successores nostros aliquo casu devenerint, ex tunc ingenui et ingenuæ sint.*

(3) *Indecens esse credimus ut progeniti ex liberta sive libera filii ad servitium retrahantur.* C. un. X, iv, 10. — L. 24, Dig. 1, 5.

(4) Loysel, R. 43.

(5) *Ibid.*, R. 42.

nière règle n'était certainement pas observée à Toulouse
tout au moins lorsque la mère était *femina ligia*; l'art.
154 décide expressément que les enfants étaient liges
bien que le père fût homme libre; si l'on en conclut,
par argument *à contrario*, que l'enfant né d'un père libre
et d'une *femina de corpore* non lige, fût libre comme le
père, ce serait la seule différence apparente qu'entraî-
nât la ligesse.

L'ancienne coutume admettait encore la servitude
conventionnelle, résultant d'une simple déclaration qui
produisait ses effets contre le déclarant et sa postérité
quand elle était constatée par acte public. (Art. 155 a.)
Cette servitude conventionnelle fut supprimée par le roi.

La condition des serfs à Toulouse était meilleure que
dans les provinces du centre de la France.

Leur maître n'avait point le droit de les appréhender,
de saisir-gager leurs biens, ni d'exercer sur eux une
contrainte quelconque dans l'enceinte de la ville, sans
autorisation de justice. (Art. 152.)

Ces *homines* pouvaient posséder leur *casalagium*, des
fiefs et même des alleux, *immobilia libere possessa*.
(Art. 148.) Le *casalagium* comprenait parfois des *ho-
nores*, c'est-à-dire de petits domaines en maisons, terres
arables, prés, vignes ou bois. (Art. 153.)

Ils avaient la complète disposition de leurs biens
meubles; ils pouvaient les donner, vendre, léguer, aliéner à tout autre titre et livrer, quand ils n'avaient point
d'enfants ou petits-enfants. (Art. 147, 149.) Toutefois,
le seigneur avait un droit de préférence sur les créanciers quand la dette avait été contractée sans son assentiment et qu'il se mettait en possession de ces biens
meubles avant les créanciers. (Art. 151.)

Les serfs pouvaient encore recevoir ou donner du

bétail à cheptel ou métayage, *nomine gasailhe*. (Art. 149.)

Leurs enfants et petits-enfants leur succédaient à l'exclusion des seigneurs. (Art. 147.) Ces hommes de corps n'étaient donc pas soumis à la charge la plus lourde de la main-morte ; toutefois, ils ne pouvaient disposer de leurs immeubles sans l'assentiment du seigneur (art. 148), pas même pour une constitution de dot ou de douaire. (Art. 153.)

## § IV

### Condition des femmes.

La condition de la femme dans la *Coutume de Toulouse* est à peu près la même que dans les autres régions de la France. La femme majeure de douze ans, qui n'est plus sous la puissance paternelle, ni en tutelle ou curatelle, a la pleine capacité de droit civil. Elle peut cautionner, s'obliger pour elle ou pour autrui. (Art. 69.) La femme mariée peut valablement s'obliger avec ou pour son mari. (Art. 68.) Lorsqu'elle est marchande publique avec le consentement du mari, elle l'oblige pour le fait de son commerce. (Art. 67.)

Deux articles de l'ancienne coutume permettaient à la femme de tester valablement sans assurer une part à ses enfants, et ils déclaraient son testament valable quand même il ne contiendrait point d'institution d'héritier. (Art. 123 a, 123 b.) Les conseillers du roi supprimèrent ces articles, pour soumettre les Toulousains, sur ce point comme sur plusieurs autres, à l'application du droit romain de Justinien qu'ils ne suivaient pas jadis.

## SECTION II

*Rapports des personnes entre elles.*

Les rapports de droit privé que les personnes peuvent avoir entre elles, comportent des relations juridiques de famille, et des relations juridiques d'affaires avec des personnes étrangères, ou non, à la famille.

Ces relations de nature différente sont réglées par les droits de famille et les droits dits des obligations. Nous parlerons plus loin de ces derniers que le code civil a cru devoir ranger dans son dernier livre, et nous n'étudierons présentement que les droits de famille.

## § I<sup>er</sup>

### Des droits de famille en général.

Les droits de famille reposent sur la parenté, relation de droit naturel et de droit privé que les liens du sang établissent entre deux ou plusieurs personnes descendant l'une de l'autre ou issues d'un auteur commun.

Les parents sont généralement désignés au moyen âge par les mots *amici*, *amici carnales*, amis de par le sang. Le terme *parentes* est habituellement réservé pour désigner les père et mère.

La parenté peut être *directe*, c'est le lignage droit des coutumiers et coutumes, lien qui unit les descendants à leurs ascendants. On le divise en lignage en montant, et lignage en avalant ou descendant.

La parenté peut encore être *collatérale*. C'est le

lignage de côté qui unit entre elles les personnes issues à des degrés égaux ou inégaux d'un auteur commun.

La proximité de parenté se calcule par le nombre des générations : chaque génération forme un degré : *genuculum, punctum.*

En ligne directe, on compte les degrés par les générations qui séparent les deux parents : le fils est au premier degré par rapport à son père; le petit-fils au deuxième, l'arrière petit-fils au troisième.

En ligne collatérale, le droit romain et le droit moderne comptent les degrés en remontant d'un parent à l'auteur commun et en redescendant de celui-ci à l'autre parent. Deux cousins germains se trouvent ainsi au quatrième degré.

Le droit canonique, qui a été le plus généralement suivi au moyen âge en cette matière, ne compte les degrés qu'en remontant de l'un des collatéraux jusqu'à l'auteur commun, sans redescendre à l'autre collatéral. Dans ce mode de supputation, les cousins germains se trouvaient donc au deuxième degré seulement; les cousins issus de germain au troisième degré. Lorsque dans un des côtés de la double échelle sur laquelle on peut figurer les collatéraux, on trouvait plus de degrés que sur l'autre versant, c'était à ce premier côté qu'on s'arrêtait pour évaluer le nombre de degrés. On disait ainsi que l'oncle et le neveu étaient au deuxième degré. Dans le système romain ou moderne, ils sont au troisième degré.

Le calcul de ces degrés avait une grande importance pour le règlement des successions, et aussi pour la célébration des mariages qui, avant le quatrième concile de Latran (1215), étaient prohibés jusqu'au sixième degré canonique, c'est-à-dire, jusqu'à notre douzième degré. On s'explique aisément les difficultés que présentait l'établissement des généalogies jusqu'à un

degré aussi éloigné, à une époque où la parenté ne
pouvait, le plus souvent, s'établir que par enquête.

La parenté légale dérive du mariage. La *Coutume de
Toulouse* ne dit rien des formes et conditions de cette
union qui était régie alors par le droit canonique.

Elle est également muette sur la puissance maritale
et la puissance que produit le mariage. Elle ne s'occupe que des effets de la dissolution de l'union conjugale par rapport aux enfants qui perdent leur père ou
leur mère avant leur majorité.

## § II

### Minorité, majorité.

Les mots *mineurs*, *majeurs* ont une acception très
différente dans les coutumes qui s'inspirent principalement du droit germanique et dans les coutumes qui
se rattachent, plus ou moins, au droit romain.

Cette diversité découle d'une conception différente
de la famille.

Dans le droit germanique comme dans notre droit
moderne, la famille est une société civile entre personnes unies par les liens du sang. Elle a pour but
principal la protection des membres de cette société
qui sont réputés incapables de défendre leurs personnes
et d'administrer leurs biens; c'est-à-dire, les femmes et
les enfants.

La nécessité de protéger les femmes devient moins
apparente lorsque l'état social s'améliore. On ne s'en
préoccupe plus à partir du xi° ou xii° siècle.

La protection des enfants est toujours indispensable;

aussi l'on n'a point cessé d'y veiller. Mais les institutions organisées dans ce but doivent logiquement cesser de fonctionner lorsque l'enfant est en état de se protéger lui-même. Cette transition de l'incapacité à la capacité constitue pour l'enfant un état nouveau, la majorité, où il aura désormais tous les droits civils, et, s'il appartient au sexe masculin, tous les droits politiques.

La famille romaine, dans sa conception primitive, ne repose point sur le droit naturel, comme la famille germanique; c'est une institution essentiellement politique. La *familia* comprend toutes les personnes qui sont soumises à la puissance d'un même chef, libres ou esclaves. Le père, ou le grand-père paternel, ou l'aïeul paternel, s'ils vivent encore, exercent cette puissance sur tous leurs descendants, sans distinction d'âge ni de sexe, comme ils l'ont sur tous leurs esclaves.

C'est une monarchie absolue, comme l'antique famille orientale ou patriarcale; le chef avait primitivement tout droit sur les membres de cette petite tribu : droit de vie et de mort, de vente, de donation. Il conserve, à l'exclusion de tous autres, la pleine capacité juridique. On l'appelle *paterfamilias;* comme il a seul tous les droits et qu'il ne les tient de personne, on dit qu'il agit en vertu de sa capacité propre, qu'il est *sui juris.*

Ses subordonnés, de condition libre, sont appelés *filii, filiæfamilias;* ils sont *alieni juris*, parce qu'ils n'ont pas de droits propres, et qu'ils relèvent d'un autre.

Ces *filii, filiæfamilias* restent dans cette incapacité tant que vit leur chef, quel que soit leur âge. Ils ne deviennent maîtres d'eux-mêmes, *sui juris* ou *patres familias*, qu'à la mort du chef de famille, également sans distinction d'âge. Un vieillard de soixante ans sera donc *alieni juris* et juridiquement incapable, si son père vit encore, tandis que l'enfant d'un an deviendra *sui juris* par la mort de son *paterfamilias*. On lui assurera sans doute la protection que réclame son âge, mais cette protection cessera dès qu'il n'en aura plus besoin.

Les idées de *minorité* et de *majorité* sont donc très différentes dans ces deux systèmes.

Dans le droit germanique et dans le droit français, le mineur est l'enfant qui, au moment de la dissolution du mariage dont il est issu, c'est-à-dire à la mort de son père ou de sa mère, n'a pas encore atteint l'*ætas legitima* où il est réputé capable de se conduire et d'administrer ses biens : quatorze, vingt ou vingt et un ans pour les hommes; douze, quinze, dix-huit, vingt pour les femmes.

Dans le droit romain, cette définition n'est vraie que pour les enfants devenus *sui juris* par la mort du *père de famille*. Lorsque la dissolution du mariage a lieu par la mort de la *mère*, les enfants restent sous la puissance du chef de famille. Pour eux, il n'y a point d'*ætas legitima*, point de capacité tant que vit ce père de famille.

Les mineurs, dans cette législation, sont donc les enfants qui perdent le *paterfamilias* avant d'avoir atteint l'âge de la capacité légale.

## § III

### Institutions protectrices des mineurs.

Les institutions protectrices des mineurs ont dû varier suivant le sens qu'on attache à ce mot. On donnera sommairement les règles générales de cette matière pour

les deux législations qui ont prédominé, l'une dans la
région du Nord, l'autre dans la région du Midi.

### 1. Région du Nord. Bail et garde.

Les coutumes germaniques plaçaient les enfants sans
défense sous la protection du roi. Lorsque le régime féodal se substitua à l'organisation monarchique, les seigneurs recueillirent cette mission comme les autres prérogatives de la royauté. Une des règles fondamentales
du nouveau droit public qui s'établit progressivement les
autorisait, d'ailleurs, à saisir les fiefs qui ne pouvaient
être convenablement desservis. Tant que leurs vassaux
n'étaient pas en état de remplir les devoirs de guerre et
de justice, charges essentielles de la concession féodale,
il y avait *défaute d'homme* ; le fief retournait momen-
tanément au seigneur qui l'administrait et en percevait
les fruits, mais à la condition d'élever les enfants du
vassal défunt.

Ce droit de saisie ou de séquestre temporaire des fiefs
pendant la minorité des vassaux, et l'obligation d'élever
ces enfants se maintinrent en Normandie au profit du
duc, puis du roi, lorsque ce duché fut réuni à la cou-
ronne, et ils s'appelèrent *custodia*, la garde normande.

Dans les autres provinces, ces droits et ces obligations passèrent, de très bonne heure, au plus proche
parent de l'enfant, du côté d'où venait le fief, c'est-à-dire
au plus proche héritier, qu'on appelait alors *bail* ou *baillistre*. S'il y avait des fiefs du côté paternel et du côté
maternel, on nommait deux baillistres.

Cet administrateur de la personne et des biens des
mineurs rendait au seigneur la foi et hommage pour
empêcher la saisie du fief; il remplissait tous les autres
devoirs féodaux, entretenait convenablement les enfants

à ses frais, payait les dettes, mais il prenait les meubles et percevait à son profit tous les revenus.

Ces avantages considérables s'expliquent par l'importance des devoirs qui incombaient au baillistre dans les premiers siècles de la féodalité, où le service de guerre et le service de cour (service judiciaire), étaient très lourds.

On n'avait pas les mêmes motifs pour organiser une administration aussi onéreuse lorsque les enfants mineurs étaient possesseurs de censives, ou tenures roturières, qui n'emportaient ni le *servitium in campo*, ni le *servitium in curte*. Aussi, pour ces biens roturiers, nobles ou non-nobles, on se bornait à établir un gardien : *Bail de fief, garde de vilenage*.

Ce gardien ne devait ni perdre, ni gagner dans l'exercice de ses fonctions. Il entretenait l'enfant aux dépens de celui-ci ; il ne payait point les dettes, mais il ne prenait pas les meubles, et ne percevait les revenus du mineur qu'à charge d'en rendre compte.

Il faut éviter de confondre cette garde roturière avec une garde noble qui pouvait exister concurremment avec le bail.

Lorsque les baillistres étaient des collatéraux du mineur, on craignait qu'ils ne donnassent pas tous les soins nécessaires aux mineurs dont ils se trouvaient les plus proches héritiers. On remettait alors la garde de la personne de ces enfants aux ascendants, en ne laissant aux baillistres que l'administration des biens :

> Ne deit mie garder l'agnel
> Qui deit en aveir la pel.

Ce qui explique cette autre règle :

> Bail de collatéraux,
> Garde d'ascendants.

Dans les derniers siècles, le mot *bail* disparaît peu à peu, et il est remplacé par le terme *garde-noble*, qui prend la même signification.

La minorité durait généralement dans ces régions du Nord, jusqu'à vingt ans révolus ou vingt et un touchés, et quatorze ou quinze ans, pour les fils et filles de gentilshommes. Pour les fils et filles de roturiers, c'était quatorze et douze ans révolus.

Le mineur ne pouvait valablement contracter, faire un testament, plaider en justice sur une question de propriété. Le baillistre ou le gardien n'avaient qualité pour le représenter en justice que dans les questions de possession. Tous les procès où la propriété se trouvait engagée étaient ajournés jusqu'à la majorité du mineur, au grand préjudice de l'enfant ou de ses adversaires. Un arrêt de règlement de 1330 décida qu'on donnerait, dans ce cas, au mineur, un représentant spécial, appelé curateur, pour lui permettre de plaider sur les questions de propriété et de ne pas laisser en suspens des affaires importantes, pendant de longues années[1].

### 2. Régions du Midi.

L'époque de la majorité, à Toulouse comme dans presque toutes les villes, est fixée à douze et quatorze ans. (Art. 31.) La coutume, spécialement applicable aux bourgeois, ne fait pas de distinction, sur ce point, entre les enfants des gentilshommes et ceux des roturiers.

L'âge des enfants, et par suite leur majorité, était établi par le témoignage du père, ou de la mère, ou

(1) *Ord.*, II, 63.

d'une sœur d'un autre lit[1]; ce témoignage était reçu par les consuls.

Le titre V de la première partie des *Coutumes de Toulouse* (art. 7 et 8) est intitulé : *De minoribus viginti quinque annorum.* Cette rubrique réclame quelques explications.

Dans l'ancien droit romain, l'enfant *sui juris* avait pleine capacité dès qu'il avait atteint douze ou quatorze ans.

Mais la jurisprudence admit l'annulation des engagements qui auraient été contractés par des majeurs de douze et quatorze ans, mineurs de vingt-cinq ans, au préjudice de leurs intérêts. On les replaçait dans la situation où ils se trouvaient avant ce contrat : *restituebantur in integrum.* Cette protection excessive était plus dangereuse qu'utile à ces mineurs de vingt-cinq ans, car personne ne voulait passer avec eux des contrats qui étaient menacés d'annulation. Au commencement de l'empire, on décida qu'ils pourraient demander un curateur, et que tous les actes conclus avec l'intervention de ce curateur seraient définitifs. On imposa même cette curatelle pour les procès à soutenir, les paiements à recevoir, les comptes de tutelle à régler.

La *Coutume de Toulouse* ne reproduit point cette prescription. Elle reconnaît pleine et complète capacité

---

(1) ... *Testimonium patris, vel matris, vel sororis aliorum parentum...* (Art 31.) Des éditions portent :. *Vel sororis et aliorum parentum.* La conjonction *et* ne se trouve point dans les mss. connus et paraît être une interpolation. La marche de la phrase eût exigé *Vel*; en outre, *parentes* signifie le plus ordinairement les *père et mère*, et non les parents, presque toujours appelés *amici.* Dans les deux versions, on peut se demander pourquoi le témoignage de la sœur était préféré à celui du frère. Était-ce un souvenir du vieux droit salien qui, comme d'autres législations primitives, faisait passer la sœur avant le frère ? (Cf. L. sal. ch. xliv).

aux majeurs de douze et quatorze ans, et elle leur refuse la *restitutio in integrum*, sauf le cas exceptionnel où les consuls auraient placé en curatelle le jeune homme ou la jeune fille. (Art. 7, 69.)

Est-ce le vieux droit romain qui persiste dans ces articles? ou faut-il les rattacher aux principes germaniques?

La première hypothèse est de beaucoup la plus vraisemblable.

L'institution protectrice des mineurs est appelée tutelle à Toulouse comme dans le droit romain, et elle procède de cette législation sans la suivre toutefois, dans les détails.

### 3. Tutelle.

Le tuteur est désigné par le père de famille dans son testament. Ce tuteur testamentaire était vulgairement appelé *spondarius* et la tutelle *sponderagium*. (Art. 6, 49.)

A Montpellier, les exécuteurs testamentaires, *gadiatores, radiatores*, étaient de droit tuteurs de l'enfant du testateur, si ce dernier n'avait point fait de désignation spéciale[1].

Quand le bourgeois de Toulouse n'avait point institué un *spondarius*, les consuls donnaient un tuteur au pupille. (Art. 5.) Ils avaient encore ce droit quand le *spondarius* nommé par le père n'avait pas été autorisé par celui-ci à vendre les biens du mineur. (Art. 100.)

Le tuteur devait faire inventaire des biens des mineurs avant de prendre l'administration de la tutelle. L'inaccomplissement de cette formalité ne l'empêchait point de gérer ces biens, mais il s'exposait à de graves difficultés, au moment de la reddition de son compte.

(1) Cout. de 1205, art. 7.

L'obligation de l'inventaire était moins stricte quand
le tuteur était parent du pupille. (Art. 6.)

Tous les tuteurs, qu'ils fussent choisis par les consuls ou nommés par testament, étaient dispensés de
fournir caution par la *Coutume*. (Art. 5.) Mais l'ordonnance des réformateurs du Languedoc, connue sous le
nom d'*Arrestum sane*, dont on parlera plus bas, exigea
qu'ils donnassent caution, ou au moins prêtassent serment de remplir fidèlement leur charge[1].

Les tuteurs devaient veiller à l'entretien et à l'édu-
cation du pupille aux frais de celui-ci, payer ses dettes
contre quittance par acte public (art. 82), et administrer ses biens; ils pouvaient même les vendre, en
cas de nécessité absolue, avec la confirmation des consuls, après trois publications à son de trompe : *factis
primitus tribus tubiciniis* ou *tubicinationibus* (art. 5,
100), enfin rendre compte de leur tutelle.

En règle générale, le *spondarius*, ou tuteur nommé
par le père, était admis à justifier son compte de gestion par son seul serment[2].

Toutefois, d'après les art. 40 et 42, ce témoignage
des *spondarii* n'est accepté que dans le cas où leurs
intérêts n'étaient pas engagés dans la question : *dum
tamen ipsorum testimonium non spectet ad commodum
eorumdem spondariorum*. Cette restriction serait difficile à concilier avec la règle générale de l'art. 49 qui
admet sans restriction, comme preuve suffisante, le
serment des *spondarii* ou tuteurs testamentaires.
Aussi les anciens interprètes de la *Coutume de Toulouse* entendent par *spondarii*, dans les articles 40 et 42,
les cautions ou fidéjusseurs.

_____

(1) *Cout. de Toul.*, p. 83.
(2) Art. 49. Ce qui était contraire au droit romain. (l. 7, Dig., XVI, 7.
— l. 13, C. Just., V, 51.)

L'administration des tuteurs donna lieu à de graves
abus qui nécessitèrent la célèbre ordonnance des réformateurs du Languedoc, connue sous le nom d'*Arrestum sane*, transcrite, à la suite de la *Coutume de
Toulouse*, sur le registre de la cour présidiale du sénéchal [1].

Dans cette ordonnance, Raoul, évêque de Laon et
Jean, comte du Forez, réformateurs pour les pays de
langue d'oc, exposent qu'à Toulouse, les tuteurs des
mineurs et les curateurs donnés à certains adultes, se
dispensent parfois de faire inventaire, qu'ils dilapident
les biens de ces pupilles et adultes, les emploient à
leur profit et réduisent ainsi à la pauvreté des enfants
ou jeunes gens, qui avaient reçu de riches successions
de leurs pères et mères. Pour remédier à ces dé-
sordres, les réformateurs décident que les tuteurs et
curateurs, dans les huit jours de leur nomination,
devront donner caution ou prêter serment en justice
de remplir fidèlement leur mission et de faire dresser
un inventaire exact de tous les biens meubles et immeubles des pupilles ou adultes. Ils leur interdisent de
recevoir des quittances et décharges de leur gestion,
ainsi que des donations, pendant la minorité des
enfants ni après leur majorité, dans les délais où ceux-
ci peuvent réclamer la *restitutio in integrum*. Les
notaires ou tabellions qui prêteraient leur ministère
pour des actes dommageables aux mineurs, étaient
menacés des peines les plus sévères. Les comptes de
tutelle et de curatelle devaient être rendus devant le
juge sans procédure et sans frais.

(1) B. N , ms. lat. 9187. — *Cout. de Toul.*, p. xi, xii, xv, 81 et s.

## § IV

### Émancipation.

On pouvait conférer aux mineurs une capacité anti-
cipée par un acte appelé émancipation. Cet acte n'avait
pas exactement le même sens et les mêmes effets dans
les régions du Nord et dans les régions du Midi.

Dans les régions du Nord, l'émancipation est un acte
par lequel on donne à un mineur une partie des droits
d'un majeur. Elle s'opère soit par le fait d'un domicile
distinct de celui des parents, pendant un an et un
jour : — « Feu et lieu (distincts) font mancipation ; »
soit par le mariage du mineur.

Mais il fallait, dans ces deux cas, que ce mineur eût
atteint un certain âge qui variait suivant les coutumes :
quatorze, seize ou dix-huit ans.

Au-dessous de cet âge, l'émancipation ne pouvait
avoir lieu qu'en vertu de lettres royaux, *litteræ emanci-
patoriæ*.

Dans la région du Midi, où la puissance paternelle
subsistait jusqu'à la mort du père de famille, l'émancipation était l'affranchissement de cette puissance ;
elle avait pour but et pour effet de rendre *sui ju ris* un
enfant *alieni juris*.

Le droit gallo-romain, conservé dans la *Lex romana Visigothorum*, n'admettait que l'émancipation
expresse. Elle s'opérait par une déclaration du père de
famille que recevaient, en présence de témoins, les

magistrats municipaux, lorsqu'ils avaient la juridiction gracieuse[1].

C'était l'émancipation que l'art. 121 de la *Coutume
de Toulouse* appelait *cum omni solemnitate juris*.

Mais cette coutume place en premier rang une des
formes de l'émancipation tacite du droit coutumier, l'é-
mancipation par le mariage, avec cette condition, toutefois, que les enfants aient reçu de leur père une donation
ou une dot, à l'occasion de ce mariage. (Art. 121, 122.)
Les coutumes de Montpellier et de Carcassonne exigeaient
seulement que le mariage eût lieu du consentement du
père. (Art 53.)

Dans la pratique, on réclamait encore pour la validité
de l'émancipation par mariage, une habitation distincte
de celle du père de famille.

_____

(1) *Apud magistratus municipales, si habeant legis actionem, emanci-
pari... potest.* (Lex rom. Vis., Paul. Sent. II, 25, § 4.)

# CHAPITRE II

## DES BIENS

Dans la langue juridique, on appelle *res*, choses ou biens, tout ce qui peut-être l'objet d'une propriété ou possession, soit publique, soit privée. On divise les biens au moyen-âge :

D'après leur *nature*, en meubles, immeubles, et dans quelques coutumes, cateux.

D'après leur *provenance*, en propres ou acquêts;

D'après le *mode de leur tenure*, en alleux ou terres libres, bénéfices, fiefs, censives, aumônes.

## SECTION PREMIÈRE

### *Meubles et immeubles.*

Les immeubles, habituellement appelés héritages, *hereditates*, sont, dans l'acception la plus commune du mot, ce qui ne peut être changé de place. Les *meubles* sont tout ce qu'on peut transporter d'un lieu à un autre. Les catels ou cateux, *catalla*, étaient proprement les têtes de bétail, ou les troupeaux ; ce terme a été aussi quelquefois étendu à certaines espèces d'arbres et à des constructions légères dans une exploitation rurale.

On n'attachait point d'importance à la conservation des meubles et des cateux dans les familles; ils étaient affectés, avant les immeubles, au paiement des dettes, et on pouvait en disposer librement.

La *Coutume de Toulouse* fait application de ce principe à l'homme de corps qui a le droit d'aliéner et de
livrer, à son gré, ses biens meubles, mais ne peut disposer de ses immeubles par acte entre-vifs ou de
dernière volonté sans l'assentiment de son seigneur.
(Art. 147, 148.)

## SECTION II

### *Propres et acquêts.*

Les propres, *hæreditas paterna*, sont les immeubles
de famille qu'on tient de succession, ou encore de donation d'ascendants.

Les *acquêts* sont les immeubles de toute autre provenance.

C'est une distinction toute germanique, qui est bien
plus importante dans la région du Nord que dans celle
du Midi.

Elle avait pour but d'assurer la conservation des immeubles de famille. On n'avait point la libre disposition
de ses propres. Par testament, on ne pouvait léguer
qu'un cinquième de ces biens. Si on les vendait, les
plus proches parents avaient le droit de se substituer
au tiers acquéreur pendant un an et un jour.

Les acquêts, au contraire, étaient assimilés aux
meubles; on avait toute liberté d'en disposer à titre gra-
tuit ou à titre onéreux.

Cette distinction de biens en propres et acquêts n'est
point mentionnée dans la *Coutume de Toulouse*.

## SECTION III

*Tenures diverses.*

Les terres sont libres, ou elles sont asservies à différents titres.

### § 1er

### Alleux.

Les terres libres s'appellent *alleux*, ou *francs-alleux*. Ce mot *alleu* était d'abord synonyme d'*hereditas paterna*, *aviatica*; c'était le patrimoine de la famille, les propres. Un peu plus tard l'alleu fut la terre libre qui ne relevait que de Dieu, sauf pour les droits de justice qui pouvaient être exercés sur toute terre par le roi ou le seigneur haut-justicier.

Les alleux disparurent presque complètement au nord et au centre de la France, où prévalut la maxime : *Nulle terre sans seigneur*. Dans toutes les questions qui pouvaient s'élever sur la condition de la terre, la présomption était contre la liberté du sol et de son détenteur qui était réputé occuper sa terre en vertu d'une concession faite par le seigneur du lieu.

Les francs-alleux se maintinrent mieux dans certaines régions du Midi et de l'Est, où l'on admettait une maxime contraire : *Nul seigneur sans titre*. Dans ces pays la présomption était, à défaut de titres, en faveur de la liberté du sol et de son possesseur.

Des arrêts bien plus récents que notre coutume décidèrent que le Languedoc, à la différence de la Guienne, était terre de franc-alleu, et que, par conséquent, le

seigneur ne pouvait exercer ses droits sans produire
le titre sur lequel ils reposaient.

On trouve, en effet, dans la *Coutume de Toulouse*, des
dispositions qui supposent déjà l'existence et l'application de ce principe, notamment l'art. 133 qui oblige le
feudataire à communiquer au seigneur les titres qui pourraient lui être nécessaires pour maintenir ses droits à
l'égard des tiers. Les anciens commentateurs de la coutume remarquaient sur cet article que le feudataire ne
pouvait être tenu de produire les titres qui seraient
contre lui; c'était au seigneur à justifier de ses droits à
l'encontre de son feudataire. L'art 133 ne s'appliquait
donc qu'au cas de difficultés avec des tiers.

On remarquera que le terme *alleu* ne se trouve point
dans la *Coutume*; elle appelle les terres de cette condition franche *immobilia libere possessa*. (Art. 148.)

## § II

### Bénéfices et fiefs.

L'ancien bénéfice a disparu complètement au xiie siècle;
à partir de cette époque, ce terme n'a plus été employé
que pour les dotations de titres ecclésiastiques. Il est
désormais remplacé, dans son ancienne acception, par
le terme fief, qui, sous diverses formes, était employé
depuis longtemps, concurremment avec le mot bénéfice, sans avoir toujours la même signification [1].

---

(1) La forme latine la plus ancienne de ce mot est *feus*, qui se rattache très vraisemblablement au type d'où dérivent l'anglo-saxon *feoh*,
l'allemand *vieh*, signifiant *pecus*, et par extension tous autres biens. Le
*faderfium* du droit lombard correspond exactement à l'*hereditas paterna*
du droit franc.

*Feus* ou *feuus* a formé les diminutifs *feuodus* et *feuodium*, imprimés
habituellement *fevodus, fevodium*. De *feuodus* sont venus *feudus,
feodus, feudum, feodum*.

On définit communément le fief une concession à charge d'hommage et de services nobles. Cette définition est généralement exacte à partir de la fin du XII⁰ siècle. Mais, en Normandie et en Languedoc, le mot fief a conservé son ancienne acception ; il signifie soit un bien, un avoir indéterminé, *bonum*, le *feoh* des lois anglo-saxonnes, soit toute concession d'immeubles ou de droits immobiliers faite à des personnes nobles ou non nobles, à charge de services ou prestations quelconques.

A Toulouse, les fiefs pouvaient être concédés à des hommes de corps, ou serfs, et ils étaient assimilés aux autres tènements de ces serfs. Ceux-ci possédaient des fiefs qui relevaient soit de leur seigneur de corps, soit de tout autre. (Art. 148.) On s'explique ainsi pourquoi l'on ne trouve pas, dans notre coutume, le terme *censive*, employé, depuis les premières années du XIII⁰ siècle, dans la plus grande partie de la France pour désigner la tenure roturière qu'on distingue désormais, dans ces provinces, de la tenure noble ou fief.

Toutefois, dans le Languedoc, la tenure ordinaire des serfs paraît être le *casulagium*, *caselage*, ou chesal, une maisonnette et son enclos ; mais, comme on l'a vu plus haut, tous les serfs n'avaient point de chesal. (Cf. art. 150, 151, 154.)

§ III

**Honneurs.**

L'honneur, *honor* ou *honos*, n'était point un mode particulier de tenure.

Il pouvait être libre : c'était alors un alleu ; il pou-

4

vait aussi être concédé en fief : *honor liber, honor feudalis* (art. 143, 145, 129). On donne même ce nom à un chesal : *honor de casalagio*. (Art. 155.)

Ce mot signifie donc un domaine quelconque, d'une étendue plus ou moins considérable.

# CHAPITRE III

Les rapports des personnes avec les biens, au point de vue juridique, comprennent :

1° Les droits que les personnes peuvent avoir sur les biens ;

2° Les différents modes d'acquisition de ces droits ;

3° Les différents modes d'exercice de ces droits ;

4° Les garanties que la loi ou les conventions des parties peuvent créer pour assurer le libre exercice de ces droits.

Ces trois dernières divisions comprennent les matières qui forment le troisième livre de notre code civil ; c'est-à-dire les successions, les donations et testaments et les contrats. On leur consacrera des chapitres spéciaux, en raison de leur grande importance, et on ne s'occupera présentement que des droits sur les biens.

On peut avoir sur les biens un droit complet appelé *propriété ;* — un droit incomplet appelé *possession ;* — certains droits spéciaux sur le bien d'autrui. Notre code civil les appelle modifications ou démembrements du droit de propriété.

## SECTION PREMIÈRE

### Droit de propriété.

Le droit de propriété, *jus hereditarium, dominium, proprietas* (art. 127), est le droit le plus absolu qu'on puisse avoir sur les choses : droit d'user, de jouir et de disposer.

Ce droit était très restreint dans les régions du Nord; il ne pouvait s'exercer dans sa plénitude ni sur les propres, ni sur les fiefs et les censives dont on n'avait pas la libre disposition. Ce droit complet n'existait que sur les meubles et les acquêts libres de toute sujétion féodale; ces acquêts allodiaux étaient extrêmement rares dans les régions de la France où l'on n'admettait point, en règle générale, qu'il y eût des terres sans seigneur.

Il en était différemment dans les pays de franc-alleu, comme le Languedoc, où l'on ne reconnaissait pas de seigneur sans titre. En outre, la *Coutume de Toulouse* n'établit point de différence juridique entre les propres et les acquêts; on pouvait donc disposer librement des uns comme des autres. L'art. 127 suppose même qu'une question de propriété puisse s'agiter en matière féodale, — *super aliqua re feudali;* mais on a déjà dit que le mot fief, à Toulouse comme en Normandie, n'avait pas une acception aussi étroite que dans le reste de la France.

## SECTION II

### Possession.

La possession jouait un rôle très important dans notre ancien droit. Aussi Loysel a pu dire avec raison : « Possession vaut moult en France, encore qu'il y ait du droit de propriété entremêlé. » (R. 740.)

Dans le sens vulgaire du mot, la possession s'entend de la jouissance ou de la faculté de jouir et disposer d'un bien. Elle devient un droit qu'on peut défendre et réclamer en justice quand elle a été acquise de bonne foi, paisiblement, publiquement, à titre de propriétaire : *nec vi, nec clam, nec precario, animo domini*, et qu'elle a été continuée dans ces conditions pendant un an et un jour. On l'appelle alors *saisine* dans la région du Nord.

Cette possession légale produisait des effets importants qu'elle a conservés dans les législations modernes. Elle attribuait au possesseur la propriété des fruits perçus pendant sa durée (Toul., art. 145); elle conduisait à la prescription; elle était protégée par diverses actions qu'on pouvait intenter en justice : claims, complaintes, applégements.

## SECTION III

*Droits spéciaux sur le bien d'autrui ou démembrements du droit de propriété.*

On peut exercer directement et sans autorité de justice certains droits sur le bien d'autrui : *jura in re aliena*. Tantôt ces droits sont constitués au profit d'une personne déterminée et s'éteignent à sa mort; tels que les droits d'usufruit et d'usage; tantôt ils sont attachés à un fonds et peuvent être exercés par tous les propriétaires successifs de ce fonds. Notre code les appelle alors *servitudes foncières*. Tels sont notamment les droits de passage, de conduite d'eaux, de clôture, de vue.

La *Coutume de Toulouse* ne contient que très peu de

règles sur ces démembrements de la propriété. Jean
de Casevieille nous dit, dans son commentaire sur l'art.
160, qu'on suivait, en cette matière, d'anciens usages
non écrits, confirmés en termes généraux par cet article. La coutume ne mentionne même le droit de
passage, l'une des servitudes les plus communes, que
pour un cas tout particulier. (Art. 140.) Elle consacre
deux articles à la servitude de clôture dans la ville ou
sa banlieue. (Art. 158, 159.)

## CHAPITRE IV

### MODES D'ACQUISITION DES BIENS
### OU DES DROITS SUR LES BIENS

L'acquisition des biens ou des droits sur les biens ne peut s'exercer théoriquement que de deux manières : par *occupation*, si le bien n'a pas encore eu de maître, *nondum res possessa*, comme le dit la loi ripuaire[1]; par *tradition*, si la chose est déjà entrée dans le patrimoine public ou privé, et qu'on la tient du propriétaire ou possesseur.

### SECTION PREMIÈRE

#### *Occupation.*

L'occupation proprement dite, ou mainmise (l'*infanc* ou *anefang* des vieilles coutumes germaniques), ne s'est jamais appliquée au sol dans notre droit. On ne l'admet, aux premiers jours de notre histoire, que pour les animaux pris à la chasse dans les bois restés indivis entre les habitants voisins, *in silva communi*[2], et pour les essaims d'abeilles sans maître, ou les plantes que la mer rejete sur le rivage.

Les choses perdues n'ont jamais été considérées en droit comme des *res nullius* appartenant au premier occupant. Mais en fait, les seigneurs haut-justiciers et le roi, dans certains cas, ont procédé par occupation

---

(1) Cap. XLII, 1 (ou XLIV), éd. R. Sohm.
(2) *L. Rip.*, C. LXXVI (LXXVIII), — par opposition à la *silva aliena* (*L. Sal.*, XXVII, 18).

ou mainmise sur ces épaves, choses gayves (*waivia*), *troefs, troveures, naufragia, virisci* ou *fortunes.*

La *Coutume de Toulouse* est muette sur ce point. On y suivait vraisemblablement l'ancienne règle qui attribuait la moitié de la chose trouvée à l'inventeur, et l'autre moitié au propriétaire, ou au fisc si la chose avait été trouvée *in loco publico.*

On rattache quelquefois à l'occupation la prescription acquisitive, parce qu'elle conduit à la propriété, sans intervention ni consentement du propriétaire. Notre coutume la mentionne plusieurs fois, mais sans en tracer les règles. Elle rappelle seulement un principe général du droit des fiefs qui interdisait au vassal de prescrire contre son seigneur. (Art. 136.)

Dans le Midi, la jurisprudence admettait généralement l'acquisition par prescription pour les servitudes dites continues et apparentes, telles qu'elles résulteraient de l'établissement d'une conduite d'eau. Pour les servitudes dites discontinues, comme la servitude de passage, on exigeait une possession immémoriale.

Dans la plus grande partie de la France, les servitudes ne pouvaient au contraire s'acquérir que par titre ou destination écrite du père de famille qui, en partageant ses immeubles entre ses enfants, imposait certaines charges au profit d'une des parts de son héritage, sur une ou plusieurs autres parts.

La *Coutume de Toulouse* ne donne aucune règle sur l'acquisition de ces droits.

## SECTION II

### *Tradition.*

La tradition est le mode de transmission des biens qui ont déjà un maître. Cette mise en possession, qui a joué un rôle si considérable au moyen âge, était tantôt réelle, tantôt symbolique, tantôt simplement consensuelle, en ce sens qu'il suffisait, pour opérer cette tradition, d'une simple déclaration dans l'acte qui constatait les conventions des parties. Cette déclaration se formulait en deux mots : *vendidi et tradidi.*

Parmi les nombreux symboles employés pour la tradition, figure la remise de l'acte par lequel on s'obligeait à transférer la propriété de l'acquéreur, *instrumenti traditio,* ce qu'on traduisait, au moyen âge, dans la pratique judiciaire du Languedoc, par les mots *Bail de la cède,* c'est-à-dire remise de l'acte de cession.

On voit dans la *Coutume de Toulouse,* la tradition produire un effet notable dans deux circonstances.

Quand un propriétaire de mauvaise foi vendait le même immeuble à deux acheteurs successifs, l'acheteur qui avait été mis en possession du bien vendu, en devenait le propriétaire, quand même son acte d'acquisition aurait été le second en date. Le premier acquéreur n'avait alors qu'à réclamer le remboursement du prix versé, remboursement qui ne pouvait s'effectuer si son vendeur était devenu insolvable. (Art. 93.)

Lorsqu'un homme de corps avait fait une donation sans l'assentiment de son seigneur et qu'il mourait

avant d'avoir fait tradition de la chose donnée, le seigneur était préféré au donataire. (Art. 147, 148.)


La tradition opérait donc la transmission de la propriété.

Mais il fallait que cette tradition eût une *cause licite*.

Cette cause pouvait procéder de la volonté du législateur comme dans les successions, ou de la volonté
de l'homme, comme dans la donation, la vente, l'é-
change, etc.

# CHAPITRE V

Les successions étaient l'une des causes de transmission de propriété les plus fréquentes et les plus
importantes.

Pour les fiefs et les censives qui comprenaient la
plus grande partie de la fortune immobilière au moyen
âge, l'héritier ne pouvait entrer en possession des
biens laissés par son parent défunt, qu'en vertu de la
tradition faite par le seigneur du fief ou de la censive à
son nouveau vassal ou nouveau censier.

Cette tradition s'appelait investiture, saisine ou en-
saisinement.

A partir du XIIIe siècle, on s'efforça d'éluder cette
obligation. On y réussit pour les successions en ligne
directe ; mais ce fut en faisant prévaloir la fiction d'une
tradition ou saisine opérée par le mourant au profit
de son plus proche héritier : « *per generalem consue-
tudinem Francie et Prepositure Parisiensis dicitur quod
mortuus saisit vivum*[1]. » « Le mort saisit le vif, son
plus prochain héritier, habile à lui succéder[2]. »

Cette présomption repose donc sur le principe général que les successions ne se transmettent que par
une tradition réelle ou fictive des biens qui les com-
posent.

(1) *Olim*, III, 1180, n° 71 ; — *Ibid.*, p. 1124, n° 48.
(2) Loysel, R. 347.

## SECTION PREMIÈRE

*Règles générales des successions.*

Le régime des successions est toujours en harmonie avec les principes fondamentaux des droits de famille.

Dans l'ancien droit romain, le père avait des pouvoirs très étendus sur la *familia* : aussi, il faisait à son gré la loi de sa succession : *uti legassit, ita jus esto.*

S'il n'avait point laissé de testament, ses biens étaient dévolus à ceux qui se trouvaient au moment de sa mort sous la *patria potestas.* Aussi, le fils émancipé, la fille mariée n'avaient rien à y prétendre dans la rigueur des principes primitifs qui furent, du reste, peu à peu atténués sous l'influence progressive du *jus gentium* ou droit commun.

Dans les coutumes germaniques, la famille était régie, dès l'origine, par cette loi naturelle.

Le père n'avait sur ses enfants que des droits et des devoirs de protection. La dévolution des successions était exclusivement réglée d'après les liens du sang; les biens passaient au plus proche parent : *proximiori in gradu.* « *Nullum testamentum,* » dira encore Glanville au xıı° siècle, « *solus Deus heredem facere potest, non homo*[1]. »

Le testament ne s'est introduit qu'après plusieurs siècles de résistance dans les pays où le droit germanique avait prédominé, et il n'y a jamais eu le caractère essentiel du testament romain, celui de créer des héri-

---

(1) L. VII, c. 1, § 6; Ed. Phillips; — *Regiam Majestatem,* L. II, c. xx, n° 4; Houard, *Cout. Anglo.-Norm.,* II, 119.

tiers, continuateurs de la personne, des droits et des charges du défunt, comme l'aurait fait la loi [1].

L'acte qu'on appelait improprement testament dans les régions du nord et du centre de la France procédait bien plutôt de l'ancienne *affatomia* du droit salien, où la transmission des biens après décès s'opérait, à l'aide de tiers interposés, par deux donations successives dont l'une était faite, sous réserve d'usufruit, par le disposant à ces tiers qui deviendront un peu plus tard les exécuteurs testamentaires, et dont la seconde était faite par ceux-ci au destinataire après le décès du disposant.

La théorie des successions dans les pays dits de droit coutumier repose sur ces idées générales.

L'ordre de successibilité est donc fixé par la loi;
Les biens sont dévolus au plus proche parent;
Mais trois restrictions sont apportées à cette règle.

1° Sous les deux premières races, le privilège de masculinité attribue la terre aux mâles, à l'exclusion des femmes.

2° Dans la période féodale, le droit d'aînesse attribue tout ou notable partie des fiefs à l'aîné. Le privilège de masculinité se conserve pour les successions qui échoient à des collatéraux. A égalité de degré, les parents mâles excluent alors les femmes.

3° Le principe de la dévolution au plus proche parent ne s'applique que dans la ligne d'où viennent les biens successoraux. Les biens paternels sont attribués au plus proche parent paternel ; les biens maternels au

----

(1) Il ne l'a pas davantage dans notre droit moderne. — Cf. C. C., art. 1002.

plus proche parent du côté de la mère, quand même celui-ci serait plus éloigné de l'auteur commun que les parents appartenant à la ligne paternelle : *paterna paternis, materna maternis.*

Si les héritiers font défaut dans une de ces lignes, les parents de l'autre ligne sont exclus par le fisc.

Le système romain de *représentation* dérogeait encore au principe de la dévolution au plus proche parent. La représentation appelait, en effet, un enfant à recueillir les biens qui seraient échus à son père, si celui-ci avait été vivant au moment de l'ouverture de la succession. Le petit-fils venait ainsi partager également avec ses oncles la succession de son grand-père, bien qu'il fût à deux degrés de ce grand-père, tandis que ses oncles, fils de ce dernier, étaient au premier degré. Cette règle, qui nous paraît si équitable, ne s'est introduite que très lentement dans nos coutumes. Au xiiie siècle, malgré les protestations des jurisconsultes, on l'abandonnait en Normandie où elle avait été jadis en vigueur[1] ; même dans les derniers siècles, elle n'a pas eu généralement la portée que lui donne notre législation.

## SECTION II

*Les successions à Toulouse et à Montpellier.*

A Toulouse, la succession testamentaire avait plus d'importance que dans les régions du Nord, mais elle

---

(1) *Gr. Cout. de Norm.,* C. *De propinquitate heredum.* — L'auteur du *Grand Coutumier* appelle ce retour aux principes germaniques *reprobanda consuetudo... non jure... sed vi et oppressione potentium... introducta...*

s'écartait sur un point capital des règles du droit romain, comme on le verra plus loin dans le chapitre des *Testaments*.

Pour les successions *ab intestat*, la coutume différait encore notablement de la législation de Justinien, qui était cependant enseignée depuis plus d'un siècle dans les Universités, à l'époque où cette coutume a été rédigée.

Les biens d'un défunt qui n'avait point laissé de testament étaient dévolus dans l'ordre suivant :

1° Aux enfants et descendants ;

2° Au père du défunt ;

3° Aux plus proches parents du côté du père : *propinquioribus... in gradu parentele ex parte patris.* (Art. 124.)

A Montpellier et à Carcassonne, on suivait la règle féodale *paterna paternis, materna maternis*, sans accorder comme à Toulouse, de préférence aux parents paternels : *Bona paterna debent esse proximiorum generis paterni; similiter materna propinquiorum generis materni, legibus in hac parte nullatenus observandis.* (Art. 58.)

La *Coutume de Toulouse* n'observait pas plus que celle de Montpellier les *leges*, c'est-à-dire la constitution de Justinien connue sous le nom de Novelle 118, qui est la base de notre droit moderne en matière de successions. Elle ne suivait pas davantage le droit commun de la France coutumière, mais elle adoptait une jurisprudence bien plus ancienne que Justinien, exposée par de vieux jurisconsultes romains et conservée dans la *Lex romana Visigothorum*.

Ce code d'Alaric II, reproduisant des fragments de Gaius et de Paul, appelait à la succession les *agnats*, lorsque le défunt ne laissait ni enfants ni descendants.

Les *aynats* n'étaient autres que les parents paternels du
défunt : *Agnati sunt per virilem sexum defuncto propinquitate conjuncti*[1]. *Agnati sunt qui per virilem sexum
descendunt*[2].

Si le défunt mourait sans laisser de parents succes-
sibles ni de conjoint, et sans avoir fait un testament ou
une donation, les biens qu'il tenait d'un seigneur
retournaient à celui-ci et les alleux étaient dévolus au
roi, d'après l'art. 144 b. Cet article fut supprimé dans
la révision de la Coutume; on ne voit point de disposition qui l'ait remplacé.

Si l'un des enfants du défunt avait acquis des biens
après la mort de son père, mais avant le partage de la
succession, ces biens étaient reputés acquis avec les deniers du père, et ils tombaient, sauf preuve contraire,
dans l'actif de la succession paternelle. (Art. 91.)

Dans le partage des successions, on suivait une règle
formulée par l'art. 125. Le partage était considéré
comme une vente dès qu'il y avait soulte ou retour en
argent au profit de celui qui avait reçu la plus faible
part : *talis divisio habetur pro venditione*[3]. Chacun des
héritiers était donc considéré comme un acquéreur qui,
avant le partage, n'avait aucun droit sur le bien qui lui
était échu. Dans le droit coutumier, on disait au contraire, *partage ne vaut pas vente*; le code civil considère
également cette opération comme déclarative et non
comme translative de propriété. (Art. 883.)

Cette règle nouvelle a des avantages considérables;

(1) *Lex. rom. Visig.* — Gaius, II, 8, § 3. — Hœnel, p. 332.
(2) *Ibid.* Paul, *Sent.*, IV, 8, § 1. Int. — Hœnel, p. 404.
(3) *Divisionem prædiorum vices emptionis obtinere placuit.* — Cod.
Just., l. 1, III, 38.

mais, dans notre droit coutumier, elle a été probablement inspirée, comme le principe de la saisine des héritiers, par le désir d'éviter le paiement de droits féodaux.

Dans les ventes de fiefs ou de censives, on devait verser au seigneur des droits de mutation très élevés : le quint, le requint, les lods et ventes.

Si le partage avait été assimilé à une vente; il aurait fallu que chaque héritier, réputé acheteur, payât ces droits de mutation. On évitait ces frais dans le système coutumier qui considérait chacun des héritiers comme copropriétaires indivis de toute la succession et ne voyait dans le partage que la délimitation ou déclaration de leur part de propriété.

Il importe de remarquer, du reste, que la *Coutume de Toulouse* restreignait l'application du principe *partage vaut vente* au cas où il y avait une soulte à payer par l'un des copartageants. Elle n'autorisait la perception des droits seigneuriaux que sur cette soulte seulement, ce qui les réduisait à bien peu de chose. (Art. 126.)

## SECTION III

### *Testaments.*

On a vu précédemment que les principes germaniques et coutumiers ne permettaient point d'instituer des héritiers en dehors des liens du sang, ni même en règle générale, de déroger à l'ordre légal des successions. Le testament était donc interdit ; quand on voulait éluder la loi et modifier la dévolution normale des biens successoraux, on était obligé de les donner, sous réserve d'usufruit, à un tiers qui, à la mort du disposant, remettait ces biens à leur destinataire.

5

Le *paterfamilias* romain avait, au contraire, le droit de désigner celui qui devait être le continuateur de sa personnalité juridique, recueillir ses biens, remplir ses engagements, en un mot être son héritier, *heres*.

Cet *heres* était institué par un acte appelé *testamentum* qui réclamait des formes solennelles et comprenait nécessairement cette institution d'héritier.

A l'époque où les Germains s'établirent dans notre pays, les Gallo-Romains pouvaient faire valablement un testament en présence de cinq témoins [1]. Mais il fallait donner de la publicité à cet acte en le transcrivant sur les registres municipaux [2].

La présence de cinq témoins, au minimum, resta obligatoire jusqu'au xii° siècle. Une décrétale du pape Alexandre III, des années 1171 ou 1172, nous apprend en effet que, conformément aux *lois humaines*, on ne reconnaissait point la validité des testaments souscrits par un nombre de témoins inférieur à sept ou cinq. Le pape décide que cette pratique était contraire aux lois divines et à la coutume de l'Église, attendu qu'il était écrit : *in ore duorum vel trium stet om ne verbum*. En conséquence, il déclare valable tout testament fait en présence du curé, du testateur et de deux ou trois témoins [3].

La *Coutume de Toulouse* adopta cette règle sur un point, en se contentant de l'assistance de deux ou trois témoins ; mais elle déclara inutile la présence du curé, ou même sa convocation. (Art. 123.)

L'ancienne coutume s'écartait encore du droit romain en dispensant le testateur de faire l'institution

---

(1) *Lex rom. Visig.* C. Th. l. 3. IV, 4, *Interpr.* — Cette *interpretatio* n'est point, comme on l'a cru, l'œuvre de la commission établie par Alaric II pour compiler sa loi romaine ; elle est antérieure à l'an 506.

(2) *Ut apud curiæ viros testamenta gestorum allegatione muniantur.* — *Ibid.*, l. 4, *Int.*

(3) *Corp. Jur. Can.* X, c. 10, III, 26.

d'héritier qui était la clause fondamentale du testament romain.

Cette grave dérogation au droit écrit fut abrogée par le roi qui, dans la revision de la coutume, supprima les deux articles où l'on déclarait valable le testament fait sans institution d'héritier. (Art. 123 *a*, 123 *b*.)

Des restrictions étaient apportées à la liberté de tester en ce qui concernait les hommes de corps. Ils ne pouvaient disposer de leurs immeubles, par acte de dernière volonté, sans l'assentiment de leur seigneur. (Art. 148.) On leur reconnaissait le droit de donner ou léguer à leur gré leurs meubles; mais si le seigneur appréhendait ce legs avant que le légataire fût mis en possession, la disposition était sans valeur. (Art. 147.)

Sur ce point, comme sur plusieurs autres, la condition des serfs était meilleure à Toulouse que dans la plus grande partie de la France, où ils ne pouvaient disposer par testament que jusqu'à concurrence d'une valeur de cinq sous.

A Montpellier, le testament pouvait être fait par écrit ou verbalement en présence de trois témoins. L'institution d'héritier n'y était pas plus nécessaire que dans l'ancienne *Coutume de Toulouse*. (Art. 52, 55.) En dehors de la ville de Montpellier, la coutume maintenait l'ancienne règle des sept ou cinq témoins, mais sans exiger les *signacula et suprascriptiones* que requéraient les lois romaines. (Art. 57.) La coutume de Carcassonne reproduisait ces règles; toutefois, elle n'exigeait que deux témoins pour les legs pieux et charitables.

Le droit absolu de tester avait été restreint même à Rome, par des institutions qui se sont conservées pendant le moyen âge, et notamment par la *légitime*.

## SECTION IV

### *Légitime.*

On appelait *légitime, legitima portio*, la part que la loi romaine réserva aux enfants lorsqu'on se départit, dans une certaine mesure, de la rigueur excessive des anciens principes et qu'on ne permit plus au chef de famille de dépouiller entièrement de sa succession ses enfants et descendants.

Une pratique qui fut confirmée par le législateur exigea qu'on laissât au moins aux enfants le quart de la part qui leur serait échue si leur père ou ascendant n'avait pas fait de testament. Cette fraction fut élevée plus tard au tiers, ou même à la moitié dans certains cas.

L'ancienne *Coutume de Toulouse* avait substitué un minimum fixe à cette quotité : cinq sous toulousains ou plus, cent sous toulousains ou davantage[1]. Pour expliquer cette alternative entre deux chiffres si différents, cinq sous et cent sous, on peut conjecturer que le testateur devait laisser à ses enfants au moins cinq sous de revenu, ou cent sous de capital. Mais la mère pouvait déshériter complètement ses enfants. (Art. 123 *a.*)

Quels motifs ont déterminé les conseillers de Philippe III à supprimer ces deux articles de la vieille coutume Toulousaine? On peut conjecturer que sur ce point, comme dans la question d'institution d'héritier et plusieurs autres, ils ont voulu ramener les Toulousains au droit écrit que la jurisprudence du parlement tendait

---

(1) *Quinque sol. Tholos. vel amplius, vel centum sol. Tholos. vel amplius.* (Art. 123 c.)

à remettre en vigueur dans ces régions du midi, c'est-
à-dire à la législation de Justinien.

A Toulouse comme à Montpellier, à Carcassonne et
au Châtelet de Paris, la fille dotée n'avait point de légitime et ne pouvait rien réclamer dans la succession de
ses père et mère. (Art. 117.)

# CHAPITRE VI

## DONATIONS

On ne trouve presque rien dans la *Coutume de Toulouse* sur la forme des donations. Pendant longtemps, cette région de la France suivit, en cette matière, les règles de la *Lex romana Visigothorum*[1].

L'acte de donation devait contenir les noms du donateur et du donataire, ainsi que la désignation précise de la chose donnée. Il était signé du donateur si celui-ci savait écrire ; sinon, ce donateur chargeait un tiers, en présence de témoins, de signer pour lui. L'acte devait être transcrit sur les registres publics du tribunal, ou sur les registres municipaux ; enfin, il fallait faire tradition corporelle, *corporalis traditio*, de la chose donnée.

On remarque toutefois qu'à Montpellier, il n'y avait point de forme obligatoire pour les donations : *Donatio inter vivos carens legitimis documentis in infinitum valet.* (Art. 74.) C'était le droit commun de toute la France coutumière jusqu'à l'ord. de 1539, art. 132, et la grande ordonnance de février 1731 ; il n'était pas admis par la Coutume de Carcassonne.

A Toulouse, on attachait une importance particulière à la tradition de la chose donnée. L'homme de corps pouvait disposer à son gré de ses meubles sans l'assentiment de son seigneur ; mais cette donation n'était

---

(1) *Lex rom. Visig. C. Th. l. 1. Int.* VIII, 5. — *Ibid.*, l. 1, III, 5.

définitive que s'il avait fait la tradition de ces meubles au donataire. (Art. 147.)

L'ancienne coutume réglementait les donations de fiefs faites aux communautés religieuses. Ces personnes de main-morte, sur la première réquisition du seigneur de fief, devaient vendre à un laïque les immeubles donnés, dans l'an et jour de la donation. Elles ne pouvaient les conserver qu'à la condition de fournir au seigneur ce qu'on appelait communément un homme vivant et mourant, pour assurer la perception normale des droits féodaux et notamment les droits de relief et de rachat que les seigneurs percevaient à la mort de leurs feudataires, et que les biens de main morte n'auraient jamais eus à acquitter, l'être moral à qui ils appartenaient ne mourant jamais. (Art. 144.)

On s'explique aisément que ces dispositions aient été abrogées, en 1283, par les conseillers de Philippe III, puisque ce prince avait rendu quelques années auparavant, en 1275, la célèbre ordonnance sur les amortissements qui permettait aux gens de main-morte d'acquérir et de conserver des fiefs, sous certaines conditions fiscales.

La *Coutume de Toulouse* déclare expressément irrévocable la donation faite par le père au fils pour cause de mariage. (Art. 86.) Cette décision peut faire supposer qu'on n'observait pas dans cette ville, à l'époque de la rédaction de la coutume, les règles des constitutions impériales sur l'irrévocabilité des donations, et qu'on avait pris à la lettre l'*Interpretatio* de la loi romaine des Visigoths dont le texte semblait permettre la révocation pour simple lésion : *Si læsum pater se esse probaverit* [1].

_____

(1) *Lex rom. Visig. C. Th.* I. 1, VIII. 6.

Notre code civil dont nous conservons autant que possible le plan général dans cette étude, traite des contrats après les donations et les testaments. Cette classification a été critiquée; on la suivra néanmoins parce que quelques-uns de ces contrats sont au nombre des causes les plus fréquentes de la transmission de la propriété.

# CHAPITRE VII

## DES CONTRATS OU DES OBLIGATIONS CONVENTIONNELLES.

### SECTION PREMIÈRE

#### *Des contrats en général.*

La *Coutume de Toulouse* s'occupe surtout des contrats et des obligations conventionnelles, *pacta et conrentiones*, dans sa seconde partie.

La première question qu'on doive se poser en cette matière est celle de savoir qui peut valablement contracter.

D'après les théories juridiques qui dominaient à Toulouse, cette capacité de contracter appartenait à toute personne *sui juris* et majeure.

La coutume ne posa toutefois ce principe que d'une manière indirecte en se bornant à statuer sur le point où elle dérogeait au vieux droit romain. Elle décide que la femme *sui juris*, majeure de douze ans, qui n'a ni tuteur, ni curateur, peut emprunter, s'obliger et cautionner valablement. (Art. 69.)

On ne saurait, en contractant, que s'obliger soi-même. Par exception à cette règle de bon sens autant que de droit, la femme, marchande publique de l'aveu de son mari obligeait celui-ci pour les faits de son commerce. (Art. 67.)

Mais on peut très valablement s'obliger pour un tiers :

ainsi la femme peut s'engager à payer les dettes de son
mari, même en dehors des formes ordinaires des obligations. (Art. 68.) Elle était alors considérée comme une
caution. (Art. 74.)

D'autre part, quand le mari s'obligeait conjointement
avec sa femme à payer une dette, les créanciers au profit
de qui il avait pris cet engagement étaient payés de préférence aux créanciers qui avaient contracté avec lui
seul, sans le concours de sa femme, quand même ces
créanciers auraient été les premiers en date. (Art. 71.)

On peut encore s'obliger à payer les dettes d'un tiers
qui ne remplirait pas ses engagements. Cela constitue
un contrat spécial appelé cautionnement, *fidejussio*,
dont on parlera plus loin.

## SECTION II

### *Forme des contrats.*

Les obligations étaient ordinairement constatées par
acte public : *instrumentum publicum*. (Art. 70.)

On pouvait aussi les établir par serment. (Art 68.)

Mais, quand la dette était constatée par acte public,
le débiteur ne pouvait soutenir qu'il n'avait pas reçu la
somme d'argent réclamée par le créancier. On refusait
ainsi à ce débiteur un moyen de défense que le droit romain lui aurait accordé sous le nom d'*exceptio pecuniæ
non numeratæ*, l'exception de « pécune non nombrée »
de nos chartes françaises. (Art. 43.)

La présence de la partie au profit de qui l'engagement
est consenti n'est pas nécessaire quand on procède par
acte public. Il suffit que cette partie donne ultérieurement son approbation. (Art. 89.)

A Montpellier, tous les contrats pouvaient se faire de vive voix, quand même les lois, c'est-à-dire le droit romain, auraient exigé un acte écrit pour le contrat [1].

Dans les Coutumes de Montpellier et de Toulouse, on décidait que l'acte constatant une obligation était valable bien que cet acte n'indiquât point la *cause* de la dette : *instrumenta debitorum valent quamvis non contineantur in instrumentis causæ pro quibus debentur debita* [2].

La *cause* d'une obligation est la raison immédiate pour laquelle on s'oblige à donner ou à faire quelque chose. Un engagement ainsi conçu : « Je m'oblige à vous payer mille livres le 1er janvier prochain, » est un engagement sans cause parce qu'il laisse ignorer pourquoi je promets cette somme d'argent. Si je dis au contraire : « Je m'oblige à vous payer, le 1er janvier prochain, mille livres que vous m'avez prêtées l'année dernière, » mon engagement est complet; on sait que je ne veux pas faire une libéralité, mais rembourser de l'argent que j'ai emprunté [3].

On pouvait, à Toulouse, se dispenser d'insérer une mention semblable; mais il fallait néanmoins que cette cause existât en fait, et le créancier pouvait être tenu de la déclarer sur la réquisition formelle du débiteur. On s'en remettait du reste à sa déclaration sous serment. (Art. 17.)

---

(1) *Per nuncupationes omnes contractus vigent in quibus leges requirunt litterarum consignationes.* (Art. 75.) Cette disposition ne se retrouve pas dans la Coutume de Carcassonne.

(2) Toul., art. 44. — Montp. et Carcass., art. 42.

(3) Il ne faut pas confondre avec la cause d'une obligation les motifs ou raisons éloignés qui l'ont amenée. Dans l'hypothèse indiquée ci-dessus, la cause est l'emprunt que j'ai fait. Les motifs de cet emprunt peuvent être des obligations antérieures contractées avec des tiers, par exemple pour payer le prix d'une acquisition, solder des mémoires d'entrepreneurs ou d'ouvriers, etc. L'indication de ces motifs qui ont nécessité l'emprunt est inutile.

Notre code civil se rapproche beaucoup, sur ce point, de la *Coutume de Toulouse*, qui était conforme au droit commun de la France [1].

## SECTION III

### *Extinction des obligations.*

Les obligations s'éteignent notamment par le paiement.

La preuve du paiement résulte d'une quittance (*absolutio*) par acte public ; — de la lacération du titre (*instrumentum fractum*) ; — ou du fait qu'il a été biffé (*cancellatum*) ; — de la remise de ce titre aux mains du débiteur. (Art. 79, 80.)

Le paiement peut être valablement fait par le débiteur principal ; par la caution ; par le tuteur pour le mineur ; par l'exécuteur testamentaire pour les dettes du défunt. (Art. 81, 82, 83.)

Si le débiteur n'a point d'argent comptant, mais seulement des immeubles, le créancier peut en offrir un prix qu'on publie par trois fois à son de trompe. Si aucune offre supérieure ne se produit, le débiteur est contraint de vendre son immeuble au créancier pour le prix qu'il en a offert, déduction faite du montant de la créance. (Art. 77, 78.)

---

(1) Art. 1132. La convention est valable bien que la cause ne soit pas exprimée.

Art. 1131. L'obligation sans cause ne peut avoir aucun effet. — Cf. l. 2, § 3, Dig., XLIV, 4. — *Ibid.* XII, 7.

## SECTION IV

### *Preuves.*

Le code civil rattache aux obligations la théorie des preuves qui rentrerait plutôt dans le code de procédure. Nous respecterons encore sur ce point un ordre avec lequel on est familiarisé.

Les preuves mentionnées dans les *Coutumes de Toulouse* et de *Montpellier* sont : l'aveu, la preuve par témoins, la preuve par écrit, la preuve par le duel et les ordalies.

### § 1er

#### Aveu.

L'aveu de la partie, *confessio*, jouait un rôle considérable en matière civile comme en matière criminelle. La *Coutume de Toulouse* y consacre un titre.

Elle distingue l'aveu fait devant le juge, *in judicio*, et l'aveu fait en dehors du tribunal ou extrajudiciaire.

L'aveu extrajudiciaire fait *en présence* de l'autre partie intéressée ou de son représentant, emporte preuve de l'obligation ou du paiement (art. 26, 27, 28); mais l'aveu fait en l'absence de cette partie n'aurait aucune valeur. (Art. 30.)

En matière correctionnelle et criminelle, l'aveu extrajudiciaire ne prouve rien, ni pour ni contre celui qui fait l'aveu. (Art. 29.) On peut conclure de cette disposition qu'on admettait comme preuve en pareille matière l'aveu *in judicio*. L'art. 62 l'assimile d'ailleurs à tout autre moyen de preuve[1].

Cette théorie était contraire au droit de Justinien, qui, en matière civile, ne considérait les aveux extrajudiciaires que comme un commencement de preuve et qui, en matière pénale, n'attribuait pas plus de valeur aux aveux faits en justice[2], mais c'est l'ancien droit de la *Lex romana Visigothorum*[3].

## § II

### Preuve par témoins.

La preuve testimoniale ne peut être admise contre un acte public, à moins que les témoins produits par la partie qui fait la preuve n'aient figuré comme témoins instrumentaires dans l'acte qu'elle attaque, ou encore que leur déclaration mérite toute confiance, ce qui laissait aux juges une grande liberté d'appréciation.

Le témoignage des femmes n'était pas admis en matière civile, sauf dans les questions de mariage et d'état civil, mais on l'acceptait en matière correctionnelle et criminelle. (Art. 33, 36.) Toutefois, dans les poursuites pour injures, établies par le témoignage de deux femmes, le délinquant était puni d'une amende moins forte que si le délit avait été établi par le témoignage d'hommes. (Art. 37.)

Les femmes ne pouvaient être témoins dans les contrats et les testaments, ce qu'on appelle témoins *in instrumentis*, ou instrumentaires. (Art. 39.)

---

(1) *Si... confessatum fuerit per ipsum reum illud vulnus fecisse, vel probatum fuerit contra eum, condempnatur reus...*

(2) Cf. L. 1, 3, 6, Dig., XLII, 2; L. 17, 27, Dig., XLVIII, 18.

(3) *Lex rom. Vis.*, Paul, Sent., V, 5, 2. — *Confessi debitores pro judicatis habentur.*

Ces prohibitions étaient empruntées à l'ancien droit romain et au droit canonique des premiers siècles de l'Eglise[1].

Une décrétale de 1203 acceptait déjà le témoignage des femmes dans les questions matrimoniales[2]. Il en était de même à Toulouse. Postérieurement à la rédaction officielle des coutumes de cette ville, en 1298, Boniface VIII décida qu'on pourrait admettre le témoignage des femmes dans toutes les affaires civiles, si elles consentaient à déposer. Elles ne comparaissaient pas du reste en justice; le juge devait se rendre chez elles et recevoir leur témoignage[3].

Le droit canonique avait toujours admis leurs dépositions en matière criminelle, même contre les clercs[4].

Dans le Vermandois et le Laonnais, on permettait aux femmes de témoigner en justice, dès le xiiiᵉ siècle; mais elles pouvaient être récusées[5]. Elles n'ont été admises à déposer en toutes matières civiles, que depuis l'ord. de nov. 1394.

La *Coutume de Toulouse* trace brièvement les règles à suivre dans les enquêtes. On dressait procès-verbal des dépositions et on notifiait ce procès-verbal à l'adversaire en lui indiquant le nom des témoins : c'était la *publicatio testium* admise dans toutes les juridictions du midi et interdite dans la procédure de l'*Inquisitio heretice pravitatis*, comme elle l'était dans les enquêtes du parlement[6]. Cette prohibition avait pour but de sous-

---

(1) *Mulierem constat... nullam auctoritatem habere, nec docere potest nec testis esse, neque fidem dare, nec judicare.* Corp. jur. can., c. 17 C. xxxiii, q. 5. — Texte emprunté à saint Ambroise.

(2) C. 33, X, ii, 20.

(3) C. 2, in VIᵉ, i, 1.

(4) C. 3, X, ii, 20.

(5) Beaum., xxxix, 31, 54.]

(6) *La procédure civile et criminelle aux* xiiiᵉ *et* xivᵉ *siècles,* par Ad. Tardif, p. 106, 107, 145.

traire les témoins aux vengeances des parties ou de
leurs familles.

Un délai était accordé à partir de la notification de
l'enquête pour permettre de récuser les témoignages.

La partie qui produisait les témoins n'était pas tenue
de répondre à ces récusations. Si son adversaire ne
pouvait prouver au jour fixé la validité des reproches,
il n'était pas admis à l'établir ultérieurement. (Art. 35.)

## § III

### Preuve par écrit.

La preuve par écrit se fait par un acte authentique,
*instrumentum publicum*, reçu par un notaire public.

La copie d'un titre original signée par deux notaires
ou tabellions valait l'original. (Art 45.)

L'acte public qu'on produisait en justice pour établir
ses prétentions devait être communiqué à l'adversaire.
(Art. 9.) Il emportait preuve par lui-même si son authen-
ticité n'était pas contestée. (Art. 20, 43.)

La *Coutume de Montpellier* de l'an 1205, art. 11,
imposait aux notaires l'obligation d'écrire la date en
toutes lettres dans les actes qu'ils dressaient et de men-
tionner les professions ou fonctions des parties[1].

## § IV

### Preuve par le duel et épreuves judiciaires.

Les anciennes épreuves judiciaires, ou ordalies, qui
se sont maintenues longtemps dans le midi comme dans
le nord de la France, et la preuve par bataille, si usitée

_____

(1) Pour la preuve des paiements, V. plus haut, p. 76.

pendant la période féodale, ne sont pas même mentionnées dans la *Coutume de Toulouse.*

La *Coutume de Montpellier* se borne à dire que le duel, l'épreuve par le fer rouge ou par l'eau bouillante, et tous autres modes de preuve improuvés par le droit civil ou le droit canonique ne seraient point employés devant la cour de Montpellier à moins que les parties ne fussent convenues entre elles d'y recourir. (Art. 62.)

## SECTION V

### *Contrat de mariage.*

Dans le droit commun de la France, le mariage créait une société de biens entre époux : *societas nuptiarum.* « Si tost come mariages est fés, li bien de l'un et de l'autre (conjoint) sont commun par le vertu du mariage[1]. »

A la dissolution de l'union conjugale, l'époux survivant et les héritiers de l'autre partageaient l'actif et le passif de cette société. Dans les familles nobles, les veuves avaient en outre l'usufruit d'une partie des biens de leur mari ; c'était la *dos, dotalitium* ou douaire. Les parents de la femme lui donnaient assez habituellement une dot, *maritagium*, qui était presque toujours de peu d'importance.

La Normandie, la Haute-Marche, l'Auvergne ne reconnaissaient point cette société entre époux.

Les provinces du Midi l'admettaient assez généralement au xiiie siècle ; mais, dans ces contrées, elle était moins absolue que dans le Nord, et elle se combinait avec un autre système, appelé le régime dotal,

---

(1) Beaum., xxi, 2.

6

qui procédait du droit romain antérieur aux réformes de Justinien.

Dans cette dernière législation du v<sup>e</sup> siècle, la femme apportait une dot à son mari; le mari avait la libre disposition des revenus de cette dot pendant le mariage; elle était inaliénable, et elle devait être restituée à la femme ou à ses héritiers, au moment de la dissolution du mariage.

La *Coutume de Toulouse* nous offre un système assez différent. La femme apporte habituellement une dot à son mari[1], et celui-ci en a la libre jouissance pendant le mariage; mais s'il survit à la femme, il garde la dot sauf convention contraire. (Art. 88, 114.) Si au contraire la femme survit au mari, elle recouvre sa dot, à moins qu'elle n'ait été condamnée pour adultère. (Art. 113.) Pour assurer cette restitution, elle peut recevoir des cautions. (Art. 116.)

Ces dispositions étaient conformes à la loi romaine des Visigoths[2].

La dot pouvait être aliénée du consentement des deux époux, conformément aux dispositions d'une loi rendue sous Auguste, la *lex Julia de adulteriis*. (Art. 103.)

La deuxième *Coutume de Montpellier*, de l'an 1205, exigeait encore, pour l'aliénation de cette dot, le consentement des père et mère de la femme, ou, à leur défaut, de ses parents. (Art. 14.)

La femme pouvait déclarer par le contrat de mariage qu'elle possédait des biens en dehors de sa dot, περὰ φέρνην; ce qu'on a appelé et qu'on appelle encore des biens paraphernaux, sur lesquels le mari n'avait aucun

---

(1) La constitution de dot faite par un homme de corps sans le consentement de son seigneur était nulle. (Art. 153.)

(2) *Lex rom. Vis.*, C. Th., l. 3, ɪɪɪ, 13.

droit. Mais les biens qu'elle acquérait pendant le mariage étaient présumés achetés avec les deniers du mari, et ils lui appartenaient, sauf preuve contraire. (Art. 87.)

Il en était autrement des biens acquis pendant le mariage par les deux époux. Ces biens tombaient en communauté comme dans le nord de la France; à la dissolution du mariage, ils se partageaient entre l'époux survivant et les parents du conjoint prédécédé.

C'est la communauté d'acquêts, qui est aujourd'hui le régime le plus généralement suivi en France.

On accordait toutefois au mari survivant l'usufruit de la moitié qui revenait aux héritiers de la femme, parce qu'on pouvait croire que le prix total des acquêts avait été payé par le mari[1].

On attribuait encore en propriété à celui-ci tous les objets mobiliers donnés à la femme à l'occasion de son mariage. (Art. 82.) Cette disposition ne se justifiait guère, ni en fait ni en droit.

Pendant la durée de l'union conjugale, le mari pouvait vendre, donner ou aliéner à un titre quelconque ses créances et ses biens meubles, sans le consentement de sa femme, à moins qu'elle n'eût un assignat, ou sorte d'hypothèque, sur ces créances et ces biens meubles ou immeubles. (Art. 96.)

Ce dernier mot permet de supposer, malgré le silence de la coutume, que, conformément au droit commun, le mari pouvait aliéner ses immeubles aussi bien que ses meubles, sans le consentement de sa femme.

(1) *Cum fides sit quod vir persolvit totum pretium...* (Art. 92.)

## SECTION VI

*Donations en vue du mariage.*

Par le contrat de mariage le futur ou ses parents assuraient habituellement à la femme une donation en vue du mariage projeté : *Donatio propter nuptias.* Cette donation s'appelait communément *agenciamentum, augmentum dotis, osculum, sponsalitium* et aussi *dotalitium,* terme emprunté à la langue juridique des régions du Nord.

Cet augment de dot appartenait en propre à la femme si elle survivait au mari, à moins qu'elle n'eût été condamnée pour adultère pendant la durée du mariage, et qu'il n'y eût pas eu, après cette condamnation, réconciliation entre les époux. (Art. 113.)

Jusqu'à la restitution de la dot et au paiement de la donation pour cause de mariage, la femme pouvait prélever sur les biens du mari défunt ce qui lui était nécessaire pour sa nourriture et son entretien. Cette somme n'était pas imputée sur la dot ou sur la donation. (Art. 119, 120, 120a.)

Les *Coutumes de Montpellier* et de *Carcassonne,* dérogeant à une règle du droit romain, décidaient expressément que ces donations étaient fixées au gré des parties, sans qu'il fût nécessaire de les porter au même chiffre que la dot. (Art. 95.)

## SECTION VII

### *Vente.*

La vente, d'après la *Coutume de Toulouse*, pouvait être faite soit par acte sous-seing privé, soit par acte public. On exigeait encore, dans certains cas, des conditions de publicité, notamment pour la vente des biens d'un mineur (art. 100, 101), ou d'un débiteur saisi. (Art. 77.) Cette publicité consistait en trois annonces à son de trompe, faites à trois jours d'intervalle entre chacune de ces publications. (Art. 94.)

Dans les principes généraux de la vente, la *Coutume de Toulouse* dérogeait au droit romain en déclarant que ce contrat était valable sans qu'il contînt une mention expresse du prix à payer et du paiement[1].

La tradition de l'objet vendu était nécessaire, à moins que l'acquéreur ne fût déjà en possession de la chose vendue. (Art. 93.)

Certaines ventes étaient interdites. Les tailleurs, tisserands, teinturiers, peaussiers, etc., ne pouvaient vendre les draps, soies, fils, cuirs qui leur étaient remis pour l'exercice de leur industrie. (Art. 67.)

La vente des objets volés était également prohibée, à moins qu'on ne pût prouver les avoir achetés au marché public. (Art. 95.)

Les tenures féodales étaient devenues héréditaires et presque patrimoniales. Toutefois l'aliénation de ces biens ne produisait complètement son effet qu'avec

(1) Art. 98, 99. Le droit romain disait au contraire : *sine pretio nulla renditio est.* L. 2. § 1, Dig., xviii, 1.

l'assentiment du seigneur : *cum consilio, cum lauda-mento domini.* (Art. 129, 144*a*.)

Mais il paraît bien que le seigneur ne pouvait refuser ce consentement. La *Coutume de Montpellier* le déclarait expressément[1].

Les marchands publics de choses vendues habituellement au poids ou à la mesure, devaient avoir une série déterminée de poids et mesures : *certum pondus*, (art. 102), *certa mensura.* (Art. 103*a*.) Ces poids et mesures étaient poinçonnés : *signata.* (Art. 103*b*.)

L'article 103*a* permettait cependant aux marchands publics ou non, de vendre leur blé et leur vin avec quelque mesure qu'il voudraient : *quacumque mensura voluerit.* L'art. 103*b* autorisait toute personne non marchande à vendre son blé avec des mesures non poinçonnées : *quamvis non sit signata.* Ces deux articles furent retranchés par les commissaires royaux.

La Coutume ne contient qu'un article sur la résolution de la vente d'animaux pour vices non apparents au moment de la vente, ou vices rédhibitoires.

Quand on avait vendu un troupeau de porcs, sans réserve de la part de l'acheteur, le vendeur n'était pas tenu de rembourser le prix de ceux qui se trouvaient être ladres. (Art. 97.)

Dans la *Coutume de Montpellier*, pas plus qu'à Toulouse, la vente n'était point un contrat consensuel pouvant se former valablement par le seul consentement des parties. Il fallait nécessairement qu'il y eût tradition de la chose vendue, paiement intégral

---

(1) *Omnia quæ vendere voluerint in quibus dominus habebit laudimium debet ipse dominus sine contrarietate laudare, salvo sibi suo consilio.* (Art. 11.)

ou partiel du prix de vente, ou paumée (*palmata*), signe extérieur du consentement des parties qui était employé dans le Parisis et qui est encore usité dans une partie de la France, particulièrement dans les ventes de bestiaux. (Art. 100.)

La remise d'arrhes, à Montpellier et à Carcassonne, ne liait point les parties contractantes ; elles pouvaient se dédire en remboursant le double des arrhes reçues, ou en perdant les arrhes données. (Art. 101.)

Cette même coutume n'admettait point la rescision dans les ventes d'immeubles, alors même qu'on s'était trompé de plus de la moitié de la valeur réelle du bien vendu (*deceptio ultra medietatem justi pretii*). Il en était autrement pour les ventes de meubles. (Art. 39.)

La *Coutume de Toulouse* était muette sur ces points.

## SECTION VIII

### *Échange.*

Les Coutumiers et Coutumes ne contiennent que bien peu de règles sur le contrat d'échange. La *Coutume de Toulouse* ne s'en occupe qu'au point de vue féodal. Quand l'échange porte sur des biens qui ne sont pas libres, cette coutume l'assimile à la vente d'immeubles soumis au même régime et elle exige l'avis (*consilium*) du seigneur de fief. (Art. 143.)

## SECTION IX

### *Louage.*

On ne trouve encore dans notre coutume qu'un très petit nombre de dispositions sur le contrat de louage. Elle s'occupe d'abord de ce qu'on appelle la tacite reconduction, c'est-à-dire la prolongation tacite de la location. Quand le locataire ou fermier garde la maison ou le fonds de terre au delà du terme convenu, sans réclamation du bailleur, le contrat est prolongé pour un an aux conditions antérieures. (Art. 104, 105.)

Contrairement au droit coutumier qui suivait sur ce point le droit romain[1], le bailleur ne pouvait révoquer la location quand il voulait habiter la maison. Le contrat n'était pas davantage révocable par l'aliénation de l'immeuble loué. (Art. 100.)

Mais, comme dans l'ancien droit germanique et toutes les législations primitives, si le locataire ou fermier ne payait point, au terme convenu, le prix de la location ou fermage, et ne remplissait pas ainsi la condition essentielle du contrat, le bailleur pouvait, de son autorité privée, sans aucune intervention de justice, prendre les clefs de la maison, expulser le locataire ou fermier et saisir en paiement tout ce qu'il trouvait dans la maison ou sur les immeubles loués. (Art. 106, 108.)

Le bail à cheptel ou métayage des bestiaux était connu à Toulouse ; il était même permis aux serfs[2].

(1) Cod. Just., l. 3, IV, C5.
(2) *Homines qui habent dominos possunt... tenere gazailhas et recipere nomine gazailhe animalia que prius habebant propria.* (Art. 149.)

# SECTION X

## *Fiefs.*

### § 1er

### Caractères généraux des fiefs à Toulouse.

On a dit précédemment que dans les premiers siècles de la féodalité, le fief était une concession quelconque faite à toutes personnes et sous toutes charges. A partir du XIIe et surtout du XIIIe siècle, on l'entend généralement d'une concession d'immeubles ou droits immobiliers, faite à charge d'hommage et de services nobles.

Mais à Toulouse comme en Normandie, le mot fief conserve en partie sa première acception.

Dans la *Coutume de Toulouse*, *feodum* signifie souvent un domaine quelconque, noble ou roturier, concédé à un homme libre ou à un serf. (Art. 148.)

Il n'y a donc pas lieu de s'étonner que les règles essentielles du régime féodal y soient notablement atténuées. Nous avons déjà vu qu'à Toulouse et dans la banlieue, on pouvait vendre son fief sans le consentement du seigneur et qu'on devait tout au plus lui demander son avis (*consilium*.) Il ne pouvait s'opposer à la vente ou aliénation quelconque du fief, en raison de son droit de seigneurie, que lorsqu'on ne lui avait pas payé préalablement les redevances exigibles. (Art. 141.)

Aussi les anciens interprètes de la coutume traduisent constamment le mot *feodum* par *emphythéose*, terme conservé en d'autres régions de la France, pour distinguer une concession d'immeubles faite à très long terme moyennant le paiement d'une redevance annuelle. La jurisprudence des parlements de Paris et de Toulouse déclarèrent le Languedoc pays de franc-alleu, ainsi qu'on l'a dit précédemment. Les seigneurs devaient donc prouver l'existence de leurs droits; cette preuve était très difficile pour les domaines peu considérables dont les titres n'étaient point soigneusement conservés, s'ils avaient jamais existé. Les praticiens purent assimiler les anciennes inféodations ou les acensements à des emphythéoses, contrat de droit administratif à l'origine, puis de droit civil, qui avait été usité dans l'empire romain, et était vraisemblablement l'origine des censives.

La *Coutume de Toulouse* ne mentionne d'ailleurs aucun service noble comme condition de la concession de fief : ni hommage, ni service militaire, ni service judiciaire. Le feudataire n'est soumis qu'à des redevances accidentelles, en cas de mutation du fief, et à des redevances annuelles.

## § II

### Droits de mutation.

#### 1. Droits de mutation par décès.

Le droit de mutation dû par le nouveau feudataire après le décès de son auteur, s'appelait *retroacapita*, *retroacapite*, *réacapte*, c'est le relief ou rachat des régions du Nord. Il était fixé généralement au double de la redevance annuelle [1], d'où le nom de *doublage* qui lui est parfois donné.

On distingue, dans quelques textes, l'*acapte* dû à la mort du seigneur, et le *réacapte* dû à la mort du tenancier. Le taux de ces deux droits était le même.

(1) Art. 144, 144c, 144d, 144e.

2. Droits de mutation par vente ou échange.

Lorsque le fief changeait de main par suite de vente
ou d'échange, le nouvel acquéreur devait payer au seigneur de fief un droit qui était appelé *pax, directus pax*.
Ce mot était indéclinable comme *dex* : on disait : *satisfa-
cere domino de pax* (Art. 135) ; *dominus habeat suos pax*.
(Art. 143.) Quelques actes donnent la forme *paxus*.

C'était l'argent payé pour avoir *la paix*, l'assentiment
du seigneur, *pro laudamento domini*, d'où il est encore
appelé *laudimium* [1]. Il correspondait aux droits de quint
et de lods et ventes du Nord.


## § III

### Redevances annuelles.

La redevance annuelle due par le tenancier d'une concession roturière ou censive à son seigneur était appelée
*census* dans la France coutumière. A Toulouse on ne
distinguait point les fiefs des censives ; toutes les redevances annuelles s'appelaient *obliæ, oublies* ou *census*.

On n'aperçoit point de différence juridique entre les
oblies et les cens. Ces droits étaient payables en argent [2].

Tous les droits seigneuriaux, redevances pécuniaires
ou prestations en nature, étaient désignés par le terme
général *dominationes* [3].

Dans le droit commun, le seigneur reprenait le fief,
ou exerçait la commise, *committebat feodum*, quand
le feudataire ne remplissait pas ses obligations. A Tou-

---

(1) On l'a rapproché du *Friedpfennig* de certaines coutumes alle-
mandes.

(2) *Oblias nummorum.* (Art. 144.)

(3) *Oblias, census et alias dominationes.* (Art. 136.)

louse, il pouvait seulement le saisir (*pignorare*) jusqu'à parfait paiement comme un simple bailleur aurait eu le droit de le faire. (Art. 136, 140.)

En cas de non-payement il était cru, sur son serment, pour les trois dernières années échues. Pour les années antérieures, le feudataire était cru s'il jurait qu'il ne devait rien. (Art. 138.)

Toutes les questions de propriété relatives à des fiefs où des droits d'héritage n'étaient pas engagés ressortissaient de la justice seigneuriale. (Art. 127.) La procédure suivie devant cette juridiction n'était pas orale comme dans les cours féodales du nord de la France, à la même époque; les affaires étaient instruites par écrit. (Art. 139.)

Le seigneur pouvait obtenir des dommages-intérêts pour le retard apporté au paiement de ses redevances, et le remboursement de ses frais. Ces dommages-intérêts étaient appelés *greugiæ* (art. 139 et *passim*), de *grave*, *greu* ou *greug*, en roman du midi, le *grief* de la langue d'oïl. Les *greugiæ* étaient donc l'indemnité due pour les griefs légitimes que le seigneur pouvait avoir contre son feudataire.

## SECTION XI

### *Sociétés.*

Dans le titre : *De societatibus*, la *Coutume de Toulouse* ne s'occupe que des sociétés commerciales ou, plus exactement, d'une variété de contrat de commission conclu entre un expéditeur et des tiers chargés de transporter et vendre ses produits ou marchandises.

Si l'on donne à quelqu'un des marchandises à transporter et vendre en lui attribuant pour salaire une quote-

part du profit, ce dernier doit avoir sa part nette et il
a le droit de réclamer en plus le remboursement de ses
dépenses.

S'il est obligé de faire un emprunt dans l'intérêt de
l'opération, cette somme doit être prélevée sur le prix
de la marchandise. En cas d'insuffisance de ce prix,
l'expéditeur doit rembourser le prêteur de ses propres
deniers après avoir reçu le compte de son mandataire
en présence de deux ou plusieurs marchands dignes de
foi et experts en cette matière. (Art. 72.)

Le commissionnaire, chargé de conduire les marchandises, est admis à établir les profits et pertes de
l'opération par serment prêté entre les mains de deux
marchands, à moins que l'expéditeur ne puisse prouver
la mauvaise gestion de son mandataire.

On suivait les mêmes règles entre marchands et ser-
viteurs et entre associés. (Art. 73.)

## SECTION XII

### Prêt.

On ne trouve aucune règle sur le prêt dans la Coutume de Toulouse.

A Montpellier et à Carcassonne, le créancier ne pouvait réclamer l'argent prêté pour dette de jeu. (Art. 67.)
Des intérêts n'étaient exigibles que lorsqu'ils avaient
été promis par serment. (Art. 68.) Ces intérêts ac-
cumulés ne pouvaient jamais dépasser le capital.
(Art. 116.)

## SECTION XIII

### *Dépôt.*

La *Coutume de Toulouse* ne parle du dépôt que pour décider que lorsqu'il s'agit d'en prouver la valeur, le témoignage des femmes n'est pas admissible. (Art. 33.) Cette disposition était inutile puisque les femmes n'étaient admises à témoigner en matière civile que dans les questions de mariage et d'état civil[1].

## SECTION XIV

### *Contrats de garantie.*

Pour assurer l'exécution d'un contrat principal, on peut conclure certaines conventions accessoires. Les conventions ou contrats de garantie les plus usités sont le cautionnement, le gage et l'hypothèque conventionnelle.

### § 1er

#### Cautionnement.

Le cautionnement, *fidejussio* dans la *Coutume de Toulouse*, est le contrat par lequel un tiers promet à un créancier de lui payer ce qui lui est dû si son débiteur ne le paie pas.

Le cautionnement était obligatoire dans certains cas; ainsi, depuis l'*Arrestum sanc*, les tuteurs devaient four-

---

[1] V. plus haut, p. 78.

nir caution pour garantir leur règlement de compte à la majorité du pupille.

La condition des cautions était assez dure à Toulouse. On leur refusait toute indemnité pour le temps que les obligations du cautionnement leur faisaient perdre (art. 75), et le créancier pouvait poursuivre, à son gré, le débiteur principal ou les cautions. (Art. 76.) On refusait ainsi à ces cautions le droit d'exiger que le paiement de la dette garantie par eux fût réclamé d'abord au principal obligé, ce qu'on appelait le bénéfice de discussion, *beneficium excussionis*, ou *discussionis*. Telle était du reste la règle de la *lex romana Visigothorum* [1].

Le créancier payé par la caution devait lui remettre son titre et lui céder tous les droits et actions qu'il aurait pu exercer contre le débiteur principal. (Art. 81.)

Les Coutumes de Montpellier et de Carcassonne n'admettaient pas davantage le bénéfice de discussion (art. 72), ni le bénéfice de division de la dette entre les diverses cautions solvables d'un même débiteur, ce qui avait été introduit par un rescrit d'Adrien [2] que les chartes françaises du moyen âge appellent parfois l'*epistle du dive Hadrian*. (Art. 73.)

La femme *sui juris* majeure de douze ans, qui n'était pas en tutelle ou curatelle, pouvait valablement cautionner un débiteur à Toulouse (art. 69), comme à Montpellier. (Art. 38.) Cette disposition n'avait pas été admise dans la Coutume de Carcassonne.

---

(1) *Creditor... in potestate habet ad reddendam pecuniam quem velit tenere.,. debitorem an fidejussorem. Lex rom. Visig., Gaius,* II, 9, 2. — Cf. *Pauli Sent.*, II, 17, c. 16. — Cette règle si rigoureuse fut modifiée par Justinien qui créa le bénéfice de discussion. (Nov , IV, 1.)

(2) *Gaius,* III, 121. — Cf. *Pauli Sent.*, I, 20.

## § II

### Gage.

Le gage, au moyen âge, est le nantissement de notre code civil. C'est un contrat par lequel un débiteur se dessaisit temporairement de sa chose, *meuble* ou *immeuble*, au profit d'un créancier, pour assurer le paiement de sa dette.

Ce mot gage, (*gaigium, namium, pignus, penhs, peinora*), s'appliquait indifféremment aux meubles et aux immeubles, tandis qu'aujourd'hui il ne s'entend que des meubles.

Le gage pouvait être constitué — par convention : c'est le contrat de gage proprement dit ; — par sentence de justice ; — d'autorité privée, par la mainmise du créancier agissant sans aucune décision ou intervention du juge, l'ancienne *pignoratio.*

On a vu précédemment que le bailleur, pour le paiement de ses loyers ou fermages, le seigneur, pour le paiement de ses redevances, pouvaient de leur autorité propre, saisir gager (*pignorare*) les biens de leur fermier, locataire ou tenancier. (Art. 108, 137.)

A Montpellier, on avait encore la *pignoratio propria auctoritate* sur la personne et les biens de tout débiteur étranger à la ville. Cette *pignoratio* ne pouvait s'exercer sur la personne des clercs. (Art. 32.) Elle n'était admise à Carcassonne que jusqu'à concurrence de douze deniers.

Dans le gage conventionnel, l'assentiment du seigneur de la chose engagée était nécessaire pour que ce gage fût valable à l'encontre des tiers. (Toul., art. 130 *in fine.*)

Certains industriels ne pouvaient engager leurs pro-

duits ou marchandises, parce qu'il y avait lieu de
craindre quelque confusion avec les matières premières
qui leur étaient confiées par leurs clients. (Art. 67.)


## § III

### Hypothèque.

Le gage suppose la remise effective de la chose à la
disposition du créancier ; il crée tout d'abord un droit
de détention ou rétention.

L'hypothèque était un droit de gage incorporel, sans
détention ou rétention. Une semblable garantie pure-
ment juridique, sans réalisation matérielle, n'était
point dans les idées germaniques qui admettaient diffi-
cilement des droits abstraits ou incorporels. Aussi, elle
était encore peu connue au xiii° siècle dans le nord de
la France, et, au xiv° siècle, on la confondait souvent
avec le gage immobilier, comme on le faisait d'abord à
Rome [1].

Dans certaines coutumes, il fallait même, pour constituer une hypothèque, l'intervention de la main de
justice du seigneur qui nantissait fictivement le créancier de l'immeuble sur lequel on voulait constituer une
hypothèque. Cette tradition rapprochait beaucoup l'hypothèque du gage.

Le mot *hypotheca*, qu'on rencontre dans la *Coutume
de Montpellier* (art. 38), était entré assez tard dans la
langue juridique des Romains. Il était d'importation
étrangère comme l'institution elle-même qui avait fait
d'abord partie du *jus peregrinorum* [2]. On ne le trouve

---

(1) *Inter pignus autem et hypothecam tantum nominis sonus differt,*
disait Marcien au iii° siècle, l. 5, § 1, Dig., xx, 1.

(2) Cic. *Ad fam.*, xiii, 56.

point dans la *lex romana Visigothorum*, ni dans la *Coutume de Toulouse* où ce droit porte différents noms.

Le plus communément employé est *poderagium* qu'on a rattaché à *poderium*, signifiant soit *prædium*, soit le droit de puissance sur un immeuble.

Le terme *assignamentum* semble avoir le même sens. (Art. 118, 153.) L'assènement, l'assignat ou assiette de terre était aussi l'hypothèque en d'autres coutumes.

L'*impedimentum* s'entendait du gage et de l'hypothèque. (Art. 1 *bis*.) Le mot français *encombrer*, qui traduit *impedire*, signifiait aussi hypothéquer et engager, dans la pratique de la Normandie. Des Coutumes du XVIe siècle emploient *empêchement* dans le sens de saisie[1].

Les *bona conditionata* (de l'art. 123*b*), peuvent s'entendre de biens hypothéqués.

*Mandare debita super honorem* (art. 131), *ponere bannum in bonis* (art. 131 *c*) signifient encore hypothéquer un bien.

Ce dernier terme nous reporte à la plus ancienne forme de la constitution de l'hypothèque qui s'opérait, comme la saisie des récoltes à une époque plus récente, en plaçant sur les immeubles assignés à la dette un pieu surmonté d'un faisceau de paille ou brandon, d'où le terme encore usité de *saisie-brandon*[2].

Il est probable qu'en Grèce, d'où vient l'hypothèque, on signalait d'une façon analogue les biens hypothéqués, c'est-à-dire, comme le mot lui-même l'indique, placés sous la main de justice. Cette sorte de séquestre était

---

(1) *Cout. de Lorris*, éd. Ad. Tardif, art. 16, 17, 18, 50, 97, 343.

(2) L'empêchement, dans la *Coutume de Lorris*, s'opérait « si c'est maison, par obstacle et barreau mis ès huis; et si c'est en terres labourables ou vignes, par brandons mis ès fruicts. » (Art. 97.)

symbolisée par un signe extérieur portant vraisemblablement une inscription appelée ὅρος[1].

On doit toutefois reconnaître que dans la *Coutume de
Toulouse* aucun autre texte ne se réfère à cette forme
primitive de constitution d'hypothèque. Le *poderagium*
n'y produisait ses effets que lorsqu'il était constitué par
acte public, *cum publico instrumento* (art. 109 *in fine*),
avec l'intervention du viguier pour les biens libres ou
alleux (art. 109 *in pr.*, 111a), et du seigneur pour les
biens de concession. (Art. 109, 131, 142.)

On n'exige de la part du débiteur aucune tradition ou
saisine de la chose grevée de *poderagium*. Cette institution se rapprochait donc plus de l'hypothèque moderne
que de l'ancien droit de gage.

Le seigneur pouvait, de sa propre autorité, prendre
hypothèque sur les biens tenus de lui, pour les redevances non payées. (Art. 142.)

Dans l'ancienne coutume, l'abbé ou le prieur claustral
(*dominus claustri*) pouvait donner un *poderagium* sur les
biens de ceux qui demeuraient dans le cloître. Ce
*poderagium* primait celui qui aurait été consenti sur les
mêmes biens avec l'assistance du viguier. (Art. 111a.

Le *poderagium*, comme l'*assignamentum*, pouvait frap-
per les meubles et les immeubles. (Art. 111, 153.)

Indépendamment de l'hypothèque conventionnelle, il
y avait encore une hypothèque légale résultant de la
coutume. Telle était celle du seigneur pour le paiement
de ses redevances, dont on a parlé plus haut, et l'hypothèque de la femme mariée, pour la restitution de sa
dot (art. 109), ainsi que pour la délivrance de ses avantages matrimoniaux et de ce qui lui était nécessaire

(1) V. *Rev. hist. du dr. fr. et étr.*, 1885, p. 1 et s.

pour vivre jusqu'au jour de cette délivrance. (Art. 110.)

Cette hypothèque primait celle qui aurait été prise par des créanciers sur les mêmes biens, même avec l'intervention du seigneur du fief. C'était une *primaria*, première hypothèque ou privilège, comme celle du seigneur pour le paiement de ses redevances.

Les créanciers envers qui la femme s'était obligée concurremment avec son mari, avaient aussi une *primaria*. Ils étaient préférés sur les droits du mari, *potiores in bonis mariti*, à ceux envers qui le mari s'était seul obligé, quand même ces dernières créances auraient été antérieures en date. (Art. 71.)

En dehors de ces cas, le plus ancien créancier hypothécaire primait le plus récent et avait la *potioritas*. On appliquait alors la règle *prior tempore, potior jure*. (Art. 71.)

# CONCLUSION

Nous venons de résumer les principes généraux du droit privé dans les Coutumes de Toulouse. On peut dégager de cet exposé les faits suivants :

Ces coutumes procédaient de la *lex romana Visigothorum* et du droit coutumier le plus généralement suivi en France ;

Pour le régime féodal, elles avaient conservé la notion première du fief, et elles en déduisaient les conséquences pratiques ; elles s'écartent donc notablement sur ce point des autres coutumes ou coutumiers de la même époque ;

La condition des serfs était meilleure que dans les autres provinces ;

Les conseillers de Philippe III, en révisant les anciennes coutumes, s'efforcèrent de les ramener, sur plusieurs points, au droit de Justinien. — Telle fut aussi la préoccupation constante du parlement de Paris, et plus tard du parlement de Toulouse.

# TABLE DES CHAPITRES

# TABLE ALPHABÉTIQUE DES MATIÈRES

---

ANGERS, IMPRIMERIE BURDIN ET Cⁱᵉ, 4, RUE GARNIER.

# LIBRAIRIE ALPHONSE PICARD

**Tardif** (Jules). — Études sur les institutions politiques et administratives de la France. Période Mérovingienne. 1882, 1ʳᵉ partie, 1 vol. in-8 . . . . . . . . . 6 fr.

— Monuments historiques. Série K des Archives nationales ; pièces contenues dans les cartons dits des Rois, de 528 à 1789, in-4, avec un album de *fac-simile*. . . . 50 fr.

**Tardif** (Adolphe), conseiller d'État honoraire, professeur d'histoire du droit civil et du droit canonique à l'école des Chartes. — Histoire de la procédure civile et criminelle aux xiiⁱᵉ et xivᵉ siècles, ou procédure de transition. 1885, 1 vol. in-8, broché . . . . . . . . . 6 fr.

— Recueil de textes pour servir à l'enseignement de l'histoire du droit. 1ᵉʳ fascicule, Coutumier d'Artois, publié d'après les manuscrits 5248 et 5249, fonds français, de la Bibliothèque nationale. 1883, 1 vol. in-8. . . . . . . . 6 fr.

— 2ᵉ fascicule, Coutumes de Toulouse, publiées d'après les manuscrits 9187 et 9993, fonds latin, de la Bibliothèque nationale. 1884, 1 vol. in-8 . . . . . . . 4 fr.

— 3ᵉ fascicule, Coutumes de Lorris, publiées d'après le registre original du Parlement de Paris. . . . . . 3 fr.

— Notions élémentaires de critique historique. 1883, 1 vol. in-8 . . . . . . . . . . . . . . 2 fr.

**Tardif** (Ern.-Joseph). — Étude sur la *Litis contestatio* en droit romain et les effets de la demande en justice en droit français, in-8 , . . . . . . . . . . . 6 fr.

— Coutumiers de Normandie, 1ʳᵉ partie. Le très ancien coutumier, texte latin (publication de la Société de l'histoire de Normandie). 1882, 1 vol. in-8 . . . . . 6 fr.

— Coutumiers de Normandie, 2ᵉ partie, *Summa de legibus in curia laïcali* (sous presse).

— Les auteurs présumés du Grand Coutumier de Normandie, in-8 . . . . . . . . . . . . . . 3 fr.

ANGERS, IMP. BURDIN ET Cⁱᵉ, RUE GARNIER, 4

www.ingramcontent.com/pod-product-compliance
Lightning Source LLC
Chambersburg PA
CBHW071215200326
41519CB00018B/5536